Kinder sind die geborenen Philosophen – davon sind viele Erwachsene überzeugt, wenn sie mit einem kniffligen «Warum ist das so?» konfrontiert sind. Leider trainieren wir ihnen diese Gabe meist wieder ab und fördern stattdessen die Ansammlung von Wissen, Fakten und Formeln. Wir amüsieren uns über den Kindermund, aber wir nehmen das unerschrockene und unbedarfte Denken der Kinder nicht ernst genug.

Silvia Plahl hat als Gastschülerin eine Philosophie-Klasse im dritten und vierten Schuljahr besucht. In diesem Buch dokumentiert sie die Gedanken und Überlegungen der Kinder und zeigt, wie Neun- und Zehnjährige die Welt erleben. Die Beiträge der Jungen und Mädchen sind oft spontan und gleichzeitig gut überlegt; sie erzählen manchmal absolut Unerwartetes oder Ungewöhnliches. Und so offenbart sich in ihren Aussagen die ganz eigene, wunderliche Weisheit der Kinder.

Silvia Plahl, Jahrgang 1965, absolvierte nach ihrem Studium des Bibliothekswesens ein Volontariat bei der *taz Bremen* und arbeitete als Politikredakteurin und Korrespondentin. Seit 2000 ist sie als freie Journalistin in Berlin unter anderem für *Deutschlandradio*, *SWR*, *RBB* und *WDR* tätig. Sie hat zweimal den Medienpreis für Bildungsjournalismus erhalten.

Silvia Plahl

Wer sind eigentlich die Eltern von Gott?

Die Weisheit der Kinder

Rowohlt Taschenbuch Verlag

Für meine Großmutter Anna

Veröffentlicht im Rowohlt Taschenbuch Verlag,
Reinbek bei Hamburg, März 2017
Copyright © 2017 by Rowohlt Verlag GmbH, Reinbek bei Hamburg
Illustration Janna Dollt
Umschlaggestaltung ZERO Werbeagentur, München
Umschlagabbildung FinePic®, München
Typografie Farnschläder & Mahlstedt, Hamburg
Schrift DTL Dorian
Druck und Bindung CPI books GmbH, Leck, Germany
ISBN 978 3 499 63228 0

Inhalt

Vorwort

«Wer sind eigentlich die Eltern von Gott?» – Diese Frage stellte ein neunjähriger Junge im Philosophieunterricht einer Grundschule in Mecklenburg-Vorpommern. Was würden Sie mit dieser Frage anstellen? Wie darauf antworten? Würden Sie zur Bibel oder einem anderen Glaubensdokument greifen? Schnell ins Internet gehen? Wo und wie würden Sie ansetzen?

Die Frage des Jungen zieht unendlich viele weitere nach sich. Sie ist kompliziert, vielschichtig, phantasievoll, tiefgründig und federleicht. Vielleicht ist es auch einfach eine fröhliche Frage eines freien Geistes. Eine typische Kinderfrage, werden viele sagen. Mich erfreut und beeindruckt sie jedes Mal aufs Neue; sie ruft in mir großen Respekt hervor. Sie zeigt, dass schon viel über die Themen um sie herum nachgedacht wurde. Und sie zweifelt das vermeintlich bereits Erkannte noch einmal an, doch ohne Denk-Schranken oder Denk-Verbote. Es ist für mich eine Frage mit Herz und Verstand.

Kinder stellen solche Überlegungen an, und oft fühlen wir uns kaum in der Lage dazu, ihrem Wissensdrang und ihrer Phantasie gerecht zu werden und so ernsthaft und facettenreich mit ihren Fragen umzugehen, wie sie es erfordern.

Ich war als Journalistin zu Gast in der Philosophieklasse im mecklenburgischen Neubrandenburg, und während ich selbst noch über die Frage des neunjährigen Jungen nachdachte, wurde mir bewusst, dass sie fest eingebettet war in die Atmosphäre der Unterrichtsstunde.

Der Junge fragte nach den Eltern von Gott, während er mit

seiner Klasse über das Thema Glaube und Glauben sprach, im Schulfach «Philosophie». *philosophía* bedeutet abgeleitet aus dem Griechischen «Die Liebe zur Weisheit». In der Grundschule ist das Philosophieren «ein Nachdenken über die Welt, über sogenannte Sinnfragen wie: Woher komme ich? Was passiert nach dem Tod? Warum gibt es böse Menschen auf der Welt? Was ist gerecht? Also ein Nachdenken über Fragen, die über das Alltägliche hinausgehen und unser Selbstverständnis als Menschen und das Selbstverständnis der Welt hinterfragen», sagte mir Barbara Brüning, Hamburger Philosophieprofessorin und Didaktikerin für das Philosophieren mit Kindern.

Kinder sind die geborenen Philosophen, davon sind viele Erwachsene überzeugt, wenn sie mal wieder mit einem kniffligen «Warum ist das so?» oder mit einem scheinbar völlig abstrusen Gedankengang konfrontiert sind – und wenn sie den Kindern zuhören. Leider trainieren wir ihnen diese Gabe meist wieder ab und setzen den pädagogischen Schwerpunkt auf die Ansammlung von Wissen und die abrufbare und kombinierbare Kenntnis von Fakten und Formeln. Wir amüsieren uns über den Kindermund, aber wir nehmen das unerschrockene und unbedarfte Denken der Kinder nicht wirklich ernst oder nicht ernst genug.

«Philosophie – eine Schule der Freiheit» betitelte die UNESCO 2007 ihr Plädoyer für das Philosophieren mit Kindern im Vor- und Grundschulalter und den Aufruf, sie in ihrer kindlichen Begabung zu bestärken und ihnen die Möglichkeit zu geben, diese weiterzuentwickeln: Das Philosophieren könne Kinder schon in sehr frühem Alter in ihrer intellektuellen und moralisch-ethischen Entwicklung fördern – heutigen Bildungssystemen gelinge dies nur unzureichend. Das Bildungswerk der Vereinten Nationen attestiert gerade Vor- und Grundschulkindern eine «urphilosophische Haltung» der Neugier und des Staunens und viel umfassendere kognitive Fähigkeiten als vermutet.[1]

Was also macht das Philosophieren mit Kindern aus? Wie erleben dies die Sechs-, Acht- oder Zehnjährigen? Wie philosophieren sie? Im Gespräch mit Johanna Langmaack, Lektorin des Rowohlt Verlags, entwickelte sich die Idee, regelmäßig philosophierende Kinder über einen längeren Zeitraum zu begleiten, gemeinsam mit ihnen nachzudenken und genau dies in einem Buch zu dokumentieren.

Es sind vor allem freie Gruppen und engagierte Einzelpersonen, die das Philosophieren mit Kindern in Deutschland verbreiten. In den Grundschulen wird Philosophie nur als Alternative zur evangelischen und katholischen Religionslehre unterrichtet, manchmal gibt es dort auch das Fach Ethik oder «Lebenslehre». Hier wie dort sollen die Kinder sich mit der menschlichen Existenz auseinandersetzen: Wie weit unsere Erkenntnis reicht, an welchen Werten wir unser Handeln ausrichten. Das Angebot, Philosophie als Ersatz für den konfessionellen Religionsunterricht zu wählen, haben bislang die Hälfte der Bundesländer in ihre Bildungspläne aufgenommen. Mecklenburg-Vorpommern war das erste Bundesland, in dem noch in den neunziger Jahren Philosophieren mit Kindern in der Grundschule flächendeckend eingeführt wurde. Schleswig-Holstein folgte im Jahr 2011. Auch in Nordrhein-Westfalen liegt bereits ein entsprechender Entwurf vor.[2]

Philosophieren mit Sechs- bis Zehnjährigen ziele allerdings ganz konkret auch auf bestimmte Kompetenzen, sagt die Fachdidaktikerin Dr. Christa Runtenberg. Sie ist Mitautorin der Lehrpläne in Mecklenburg-Vorpommern: «Die Welt wahrnehmen lernen, genau beschreiben lernen; die eigenen Antworten sagen und verteidigen und mit anderen darüber streiten; deuten lernen, spekulative, also phantasievolle Ideen entwickeln, aber auch so etwas wie praktische Klugheit; dass wirklich Kinder ihr Leben zu einem gelingenden machen, also selbständig, ermächtigt, ermutigt werden, darin gefördert, ihr Leben zu gestalten.»

In der Grundschule West Am See in Neubrandenburg philosophieren etwa zwei Drittel der Schulkinder regelmäßig eine Schulstunde pro Woche. Sie malen, basteln, hören Märchen und Fabeln und machen Rollenspiele, und sie befassen sich vorher, nachher und währenddessen mit den Themen Gemeinschaft, Konflikt und Toleranz; sie denken über Pflanzen, das Glück oder das Internet nach. Ihre Lehrerinnen sind frei in der Themenwahl, orientieren sich aber mit den Kindern immer an den vier Fragen des Philosophen Immanuel Kant: Was kann ich wissen? Was soll ich tun? Was darf ich hoffen? Was ist der Mensch?

Petra Tannert, die Leiterin der Neubrandenburger Schule, ist selbst zusatzqualifiziert für das Fach «Philosophieren mit Kindern an der Grundschule». Sie war sofort bereit dazu, sich an dem Buchprojekt zu beteiligen, das Bildungsministerium in Schwerin sowie die Eltern der Kinder gaben ihr Einverständnis.

Ich wurde also sechs Wochen am Ende des dritten Schuljahres und sechs Wochen zu Beginn des vierten Schuljahres Gastschülerin der Philosophie-Kinder der Klasse 3a respektive 4a. Wir folgten im Wesentlichen dem Unterrichtskonzept Petra Tannerts – daneben ging sie auch immer wieder auf meine Wünsche nach bestimmten Themen und gezieltem Nachfragen ein.

Sie dürfen sich den typischen Unterrichtsalltag vorstellen: 45 Minuten pro Woche, in denen 17 neun- und zehnjährige Mädchen und Jungen erst einmal zur Ruhe kommen sollen, die Hausaufgabe besprechen, an ein Thema anknüpfen oder sich in ein neues Thema eindenken, einige Begriffe klären, immer wieder auch zu Aufmerksamkeit und Konzentration ermahnt werden müssen. 45 Minuten voller Lebendigkeit, Gruppendynamik und Chaos, in denen nicht alle mit jedem Gedanken zu Wort kommen können, manche noch mehr Zeit brauchen und doch oft in den Aussagen der Kinder sofort eine Ruhe und Tiefe steckt, die sie selbst einbringen und erzeugen.

Dies ist auch Petra Tannerts Ansatz und ihre Zielrichtung: Die Kinder in ihrem Alltag und in ihrer Welt abzuholen, sie zum Fragenstellen anzuregen, ihnen durch gezieltes Gegenfragen ihre eigenen Gedanken bewusst zu machen, diese mit ihnen zu reflektieren und gemeinsam weiterzudenken. Die Beiträge der Kinder im Unterricht habe ich aufgezeichnet und mich nach der Stunde in der Hofpause jedes Mal mit einigen Freiwilligen noch über dieses und jenes weiter ausgetauscht. Welche Fülle dabei entstehen kann, sehen Sie auf den folgenden Seiten.

Die Kinder formulieren so, wie sie denken, und ihre Aussagen bleiben auch in diesem Buch so direkt und persönlich wie möglich stehen – zugleich dem Wunsch der Eltern nach Anonymität entsprechend. Die Äußerungen der Kinder sind oft spontan und gleichzeitig gut überlegt, sie erzählen manchmal etwas absolut Unerwartetes oder Ungewöhnliches. Zuweilen greifen sie plötzlich einen früheren Gedanken wieder auf und führen ihn fort. Sie kommen vom einen ins andere. Manche bezeichnen dies als das Gedankenspinnen, das Spinnen von Gedanken-Fäden. Und gerade dieses Spekulieren gilt neben dem Analysieren, dem Deuten, Hinterfragen und Argumentieren als wichtiges Element beim Philosophieren.

Das Buch versucht, dem Gedankenfluss der Kinder Raum zu geben und zu zeigen, was Philosophieren für die Kinder ist. Das geht leider nicht ohne ein Glätten und Sortieren der Gedankenfülle und ein sanftes sprachliches Zurechtrücken. Die großen Themenbereiche und die vielen kleinen Aspekte sollen den besonderen philosophischen Blick auf die Welt und den jeweiligen Fokus der Kinder verdeutlichen. Man muss sie exemplarisch sehen. Wobei selbst diese «großen Fragen» oft schon wieder Momentaufnahmen aus dem Denken der Kinder sind.

Natürlich kommen bei Neun- und Zehnjährigen immer wieder die Familie, die Freunde und Freundinnen oder das Streiten und Spielen in den Gedanken und Aussagen vor. Einiges hat man auch selbst schon gehört oder gedacht. Es lohnt sich aber, es noch einmal aufzugreifen – und zu überdenken. Denn ab diesem Augenblick beginnt das Philosophieren.

Im besten Fall wird dieses Buch Sie nachdenklich stimmen, und Sie lassen sich vom Philosophieren und von den Fragen der Kinder herausfordern, um sich mit ihnen auf Augenhöhe Altes und Neues durch den Kopf gehen zu lassen. Dazu muss man immer wieder innehalten und sich Zeit geben. Und man muss sich auf das Gedankenspinnen und die Spontaneität einlassen. Nichts ist jemals zu Ende gedacht. Philosophieren ist weit mehr als nur ein Frage-und-Antwort-Spiel. An jedem erdenklichen Ergebnis gibt es neue Rätsel und mehr Fragen als Antworten.

Die Fragen zum Weiterdenken im Anhang sind ein kleiner Wink von unserer Seite, der Lust aufs gemeinsame Philosophieren machen möchte und zugleich zeigen will, wie sich im Gespräch schöne neue Fragen ergeben können.

PHILO-
SOPHIEREN

Was ist Philosophieren?

«Philosophieren heißt, dass man darüber nachdenkt, was wir machen, was uns eigentlich zum Denken bringt, was wir überhaupt alles können, was wir noch alles erfinden können, welche Ideen wir haben könnten.»

«Philosophieren besteht aus verschiedenen Teilen: Nachdenken, Fragen suchen und Antworten finden. Wenn man sich genug anstrengt, findet man Antworten zu den Fragen.»

«Wenn man schnell nachdenkt, kommt man nicht immer auf die guten Ideen, aber wenn man genau nachdenkt, dann kommen die guten Ideen.»

«Philosophieren ist, wenn man sein Gehirn anstrengt und darüber nachdenkt, was die Lösung sein könnte. Das Ziel ist, eine Lösung zu finden. Ich kann dafür auch etwas in einem Buch nachschlagen oder in einer Bibel lesen oder mit den anderen reden.»

«Philosophieren ist etwas wissen. Aber es ist nicht wie Englisch-Vokabeln lernen.»

Was passiert beim Nachdenken?

«Man findet die richtigen Fragen, indem man nachdenkt, indem man es ausprobiert, indem man nachforscht. Man kuckt einfach überall, wo eine gute Frage steckt.»

«Wenn man die Fragen mit den eigenen Worten und Gedanken nicht beantworten kann, dann muss man weitersuchen. Damit man irgendwann mehr weiß, wenn jemand anders oder man selbst eine Frage hat.»

«Wenn man einmal nachgedacht hat, will man immer wieder nachdenken, weil man merkt, dass man dabei Erfahrungen sammelt. Man weiß dann mehr.»

«Nachdenken macht Spaß. Es ist genau so, wie wenn man in Mathe nach einer Antwort sucht. Man weiß nämlich, dass es immer irgendeine Antwort gibt. Das fühlt sich genauso an, wie wenn man an etwas Schönes denkt. Da ist das Denken schon schön.»

«Nachdenken macht auch ein bisschen Arbeit. Wenn man sich diese Arbeit nicht macht, kann man das Denken nicht kennenlernen, und man kann von der Welt gar nichts wissen. Man lernt dann nichts. Aber man möchte ja so viel lernen, wie man kann, weil man sonst nicht schlauer wird. Sonst bleibt man so, wie man ist.»

ERIK, 9 Jahre

Was ich wissen möchte:

Ich möchte gerne wissen, wie alt ich werde.

Im Zusammenleben mit anderen Menschen denke ich …

… über meine Gegner nach, wenn wir Staffellauf machen. Wenn die Gegner stark sind, strenge ich mich richtig an – wenn ich schneller als mein Gegner bin, muss ich mich nicht so anstrengen.

In meinem Leben hoffe ich,

… dass es keinen Krieg gibt und dass ich keinen tödlichen Unfall habe.

BODIL, 9 Jahre

Was ich wissen möchte:

Ich möchte gern wissen, wie viele Planeten es gibt.

Im Zusammenleben mit anderen Menschen denke ich …

… über Rücksicht und Konzentration und über Freunde nach.

In meinem Leben hoffe ich,

… dass meine Freunde und ich immer zusammenbleiben.

VANESSA, 9 Jahre

Was ich wissen möchte:

Ich möchte gerne wissen, was die Lehrer im Lehrerzimmer machen.

Im Zusammenleben mit anderen Menschen denke ich …

… darüber nach, dass nicht alle Menschen immer wissen können, was sie essen.

In meinem Leben hoffe ich,

… dass ich immer gesund bleibe und dass mir nichts passiert.

GLAUBE
UND
GLAUBEN

Woran glauben die Menschen?

«Die Menschen glauben, wenn sie etwas hoffen oder denken oder etwas nicht genau wissen. Manche Menschen glauben an Gott, man nennt sie die Gläubigen. Manche Menschen glauben nicht an Gott, weil sie denken, dass das Quatsch ist.»

«Manche Menschen glauben an Gott, weil sie die Bibel durchgelesen haben und ihnen die Geschichten darin gefallen. Manche Menschen glauben an Allah. Das ist aber nicht wirklich etwas anderes, als an Gott zu glauben. Das sind einfach verschiedene Götter. Die Menschen glauben an verschiedene Götter – Jesus oder Thor gehören auch dazu.»

«Manche Menschen glauben an die Wiedergeburt. Manche glauben an Aliens. Manche Menschen glauben, dass man zweimal lebt. Und manche glauben, dass man nur einmal lebt. Aber das ist egal. Man lebt einfach.»

«Die Menschen glauben an etwas. Sie glauben zum Beispiel, dass sie von den Göttern beschützt werden.»

«Man kann auch daran glauben, dass im Leben nur gute Dinge passieren. Oder aber, dass man nicht immer Glück hat. Manche Menschen glauben an den Aberglauben.»

Kann Glauben helfen?

«Ein Fußballspieler aus der Bundesliga hat einmal dafür gebetet, dass seine Mannschaft ein Spiel gewinnt. Manche halten das für totalen Unsinn. Ich habe mich gefragt, ob Gott bei einem Spiel wirklich hilft? Ein Sieg im Fußball hat ja eigentlich mehr mit dem Training zu tun.»

«Er glaubt wohl, dass Gott ihm helfen kann bei dem Spiel – vielleicht dadurch, dass er Glück hat. Wenn der Spieler es im Training nicht geschafft hat, einen anderen auszudribbeln, schafft er es plötzlich im Spiel und schießt ein Tor.»

«Manche Menschen glauben daran, dass man immer zusammenhalten kann und dass man sich über Verlierer nicht lustig macht.»

«Manche Menschen glauben fest daran, dass Menschen mit verschiedener Hautfarbe sich nicht gegenseitig ärgern sollen und gegeneinander sind. Dass sie daran glauben, hilft ihnen, es auch so zu machen.»

Was kann Gott?

«Die Gläubigen sagen, dass Gott die Welt erschaffen hat und dass er ihnen deshalb immer beisteht. Sie glauben auch, dass im Himmel das Reich Gottes ist. Da soll wohl Gott leben, und wir leben hier auf der Erde. Die Gläubigen glauben daran, dass Gott auf sie achtet, während sie leben, und dass sie in den Himmel zu Gott gehen, wenn sie tot sind.»

«Wenn es donnert und blitzt, glauben manche Menschen, dass Gott damit jemanden bestraft, der etwas Böses oder Gemeines gemacht hat. Und sie glauben, dass man zum Teufel in die Hölle kommt, wenn man böse ist im Leben. Es kann aber auch sein, dass manche fürchten, dass sie von Gott bestraft werden, wenn sie etwas ganz Neues machen, was die anderen noch nicht gemacht haben. Sie trauen sich dann nicht wirklich, das Neue zu machen.»

«Manche glauben daran, dass es für sie im Himmel besser ist als auf der Erde. Sie wollen dann gerne dahin.»

«Wenn die Menschen glauben, dass Gott ihnen hilft, denken sie, dass ihnen nie etwas passieren kann. Wenn es zum Beispiel gewittert, ist das bedrohlich. Aber dann glauben die Menschen daran, dass Gott sie trotzdem beschützt und dafür sorgt, dass das Gewitter irgendwann wieder aufhört. Manche verstehen das aber auch so, dass Gott ein Leben lang hinter ihnen steht, auch in den schlimmsten Zeiten, zum Beispiel in einer Hungersnot oder falls sie arm sind.»

Was unterscheidet die gläubigen von den ungläubigen Menschen?

«Die ungläubigen Menschen sagen, dass wir keine Götter brauchen, weil sie nicht an Götter glauben und weil sie deshalb auch nicht daran glauben, dass die Götter uns helfen können.»

«Gläubige und Ungläubige ärgern sich gegenseitig, weil sie oft wollen, dass die anderen genauso sind wie sie selbst. Dann gibt es Streit.»

«Es gibt Menschen, die ganz fest an Gott glauben, und wenn andere das mitbekommen, werden diese Gläubigen oft geärgert, weil die anderen das blöd finden. Aber auch die Gläubigen ärgern manchmal Ungläubige, weil die sagen, dass wir keine Götter brauchen. Ich finde beides nicht gut. Die Menschen können glauben, woran sie glauben wollen. Alle haben ihr eigenes Leben.»

«Ich finde, dass die Menschen weiterhin an Götter glauben sollen. Auch wenn die Ungläubigen sagen, dass es keine Götter gibt, sollen die Gläubigen sich nicht davon überzeugen lassen. Ich stimme eher den Ungläubigen zu, aber die Gläubigen sollen sich nicht abbringen lassen.»

Welche Rolle spielen Regeln
im Glauben?

«Für die Christen gibt es zum Beispiel die Zehn Gebote. Die Menschen müssen auf diese Gebote hören. Das ist komisch, wenn man immer an solche Sätze denken soll und nicht selber nachdenkt. Man hat ja manchmal zwei verschiedene Gedanken. Das geht dann gar nicht.»

«Die einen denken so, und die anderen denken wieder etwas anderes. Gott kann doch nicht einfach bestimmen, was die Menschen denken sollen. Ich finde es gut, wenn die Gläubigen die Regeln einhalten – und diejenigen, die nicht an Gott glauben, einfach selbst überlegen, was sie wollen. Sie können sich dann an die Regeln halten oder auch nicht.»

«Niemand möchte, dass das eigene Leben vorgeschrieben wird. Wenn zum Beispiel die Gläubigen, die an Gott glauben, jetzt von ihm gesagt bekommen: Du tust jetzt das und das, und man möchte das aber gar nicht. Was macht man dann?»

«Manche Menschen wollen, dass Gott ihnen sagt, was sie tun sollen. Und sie wollen das Gebot gern einhalten, weil sie Gott eben gehorchen wollen und an Gott glauben. Deshalb ist es für manche Menschen gut, dass es Gebote gibt. Für manche Menschen nicht.»

Kann man an unterschiedliche Dinge glauben?

«Eine Großtante, die auch gläubig ist, hat mir einmal erzählt, dass Gott mit den anderen Göttern zusammen die Welt erfunden hat, also erschaffen hat. Ich habe nicht so richtig daran geglaubt, weil ich eher denke, dass die Planeten und die Welt durch den Urknall erschaffen wurden.»

«Im Fußball muss man schon eher entweder an die eine Mannschaft wie Bayern München oder an eine ganz andere Mannschaft glauben. Freunde können gleichzeitig an etwas Unterschiedliches glauben. Wenn mir ein Freund sagt: Du musst jetzt an Dortmund glauben, dann würde ich trotzdem nicht an die Mannschaft glauben. Es gibt dann schon Streit, wir spielen aber weiter zusammen. Außerdem kann man sich ja in der nächsten Saison wieder neu entscheiden, woran man glaubt.»

«Manche glauben, dass Gott die Welt erschaffen hat oder dass Gott sie selber erschaffen hat oder dass Gott immer auf sie aufpasst. Ich glaube nicht, dass da irgendjemand mein Leben vorbestimmt. Wenn andere das glauben, finde ich das eigentlich gut. Es kann eine Phantasie sein, aber es kann auch wahr sein. Man weiß es ja nicht.»

JOHANNES, 9 Jahre

Was ich wissen möchte:

Ich möchte wissen, wie ein Handy, Computer oder ein Fernseher funktionieren.

Im Zusammenleben mit anderen Menschen denke ich …

… darüber nach, wie andere denken, wenn sie Rechenaufgaben lösen.

In meinem Leben hoffe ich,

… dass ich auf eine gute Schule komme und später Polizist werde.

MAX, 10 Jahre

Was ich wissen möchte:

Ich möchte wissen, wie alt ich werde, damit ich weiß, wie viel Zeit ich noch mit meiner Familie habe.

Im Zusammenleben mit anderen Menschen denke ich …

… über meine Gefühle für meine Familie nach.

In meinem Leben hoffe ich,

… dass ich keinen Autounfall habe oder erschossen werde, ich möchte nämlich noch viel von meinem Leben haben.

MAXIM, 9 Jahre

Was ich wissen möchte:

Ich möchte gern wissen, ob es noch viele Hausaufgaben geben wird und ob das immer so sein wird.

Im Zusammenleben mit anderen Menschen denke ich …

… darüber nach, was der andere wohl als Nächstes macht.

In meinem Leben hoffe ich,

… dass ich keine Hausaufgaben bekomme.

GUT
UND BÖSE

Die beiden Äste des Baumes

(nach einer indischen Erzählung)

Ein Baum war so alt wie die Erde. Er hatte zwei wunderbar golden schimmernde Äste und gab köstliche Früchte. Doch einer der beiden Äste war vergiftet. Die Dorfbewohner wussten nicht, welcher Ast welcher war. Daher wagte niemand, die Früchte zu kosten.

Eine Hungersnot brach aus – und es waren nur noch die Früchte des Baumes vorhanden. Sollten die Dorfbewohner ihr Leben riskieren und die Früchte essen? Oder verhungern?

Ein sehr alter Mann wagte es, pflückte eine Frucht, biss zu und aß. Er überlebte, und sofort griffen alle zu. Das Fruchtfleisch stillte Hunger und Durst zugleich, und die Früchte wuchsen sofort wieder nach. Die Dorfbewohner schlemmten und lachten über ihre Angst.

Dann schnitten sie den vergifteten Ast ab. Am nächsten Tag lagen alle Früchte auf der Erde und waren schon verfault. Der schöne Baum war tot.[3]

Wie unterscheiden die Menschen das Gute vom Schlechten?

«Die Menschen dachten, der Ast mit den schlechten Früchten sollte weg, damit keiner aus Versehen davon etwas nimmt und damit auch kleine Kinder das nicht verwechseln. Notwendig war das nicht. Man kann auch ein Schild hinmachen, welche Früchte schlecht sind und welche gut.»

«Der alte Mann hat sich getraut, von dem Baum zu essen, weil er sowieso bald gestorben wäre. Das war mutig. Er hat gedacht: Ich bin schon alt, ich mache das für meine Familie und meine Freunde. Vielleicht wollte er sie retten. Das war gut. Und es hat auch erst geklappt. Aber am Ende hat es gar nichts gebracht. Und dann war es eigentlich richtig schlecht.»

Gibt es das Gute ohne
das Schlechte?

«Rein theoretisch: Wenn der schlechte Ast weg ist, müsste der Baum eigentlich gut sein. Aber das war er nicht. Es war nicht perfekt.»

«Sie haben den Ast abgehackt, aber jeder braucht etwas Gutes und etwas Schlechtes. Der Baum braucht vielleicht auch einen Gegensatz. Und den haben ihm die Menschen einfach weggenommen.»

«Man könnte sich das so vorstellen: Ein Mensch hat zwei Arme ausgebreitet, und man hackt dann einfach einen Arm ab. Die Menschen haben dem Baum etwas angetan – jetzt hat der Baum den Menschen etwas angetan.»

«Er hat eigentlich nicht nur den Menschen was Böses getan – er ist ja auch selbst gestorben. Dann war alles weg. Am Ende war gar nichts Gutes mehr da.»

Wozu ist das Schlechte gut?

«Als dem Baum der eine Ast abgeschnitten wurde, hatte er keinen Gegensatz mehr, so konnte auch die gute Seite nicht mehr leben.»

«Wenn alles gut ist, ist das blöd. Das ist, wie wenn man nur Glück hat. Dann kann man gar kein Glück mehr spüren.»

«Wenn man auch mal etwas Schlechtes erlebt, sammelt man mehr Erfahrungen, als wenn man nur Gutes erlebt. Und man kann sich immer freuen: Vor dem Schlechten freut man sich darüber, dass man gerade Glück hat, und wenn dann etwas Schlechtes passiert, freut man sich auf das Glück danach.»

«Es wird langweilig, wenn man zwei bis drei Tage lang nur Gutes erlebt. Dann fehlt der Spaß – da kann dann auch etwas Schlechtes passieren, zum Beispiel, dass man in einer Pfütze ausrutscht und da reinfällt. Diese ganzen lustigen Situationen würden einfach fehlen. Und aus Fehlern kann man auch etwas lernen.»

Wie nimmt man das Gute
und das Böse wahr?

«Das Gute ist ein Gefühl. Wenn man eine Eins bekommt, ist das ein gutes Gefühl, dann ist man glücklich. ‹Gut› und ‹glücklich› sind ähnlich.»

«Schule ist schlecht. Unterricht ist eigentlich gut. Hausaufgaben sind böse, weil die nerven. Sie nehmen einem die Freizeit weg. Gut ist: Spielen, Schlafen, Essen und Trinken. Schlecht sind: Streit, Krieg, Prügeleien und Verletzungen. Und Schlagen. Schlagen tut weh, und beim Prügeln verletzt man sich.»

«Tollpatschigkeit ist schlecht. Ich wollte einmal irgendwo runterspringen und bin hängengeblieben. Da war ich tollpatschig, und das hatte eine böse Konsequenz.»

«Das Böse macht Angst. Alle haben Angst vor dem Bösen.»

«Gut ist, dass ich geboren bin. Sonst würde ich ja gar nicht leben.»

«Manchmal ist es auch blöd, zu leben, zum Beispiel in der Schule. Aber wenn wir nicht hingehen, findet man später keinen Beruf.»

Sind neue Erfindungen sinnvoll?

«Es ist gut, dass immer neue Sachen erfunden werden. Wenn irgendetwas nicht funktioniert, dann kann man etwas Neues erfinden.»

«Es gibt aber auch Erfindungen, die andere Dinge zerstören. Oder etwas wird erfunden und funktioniert dann gar nicht. Ich finde neue Erfindungen eigentlich gar nicht mal so wichtig, wir haben ja schon alles, was wir brauchen.»

«Manchmal sind neue Erfindungen gut, weil sie uns das Leben erleichtern. Wenn man aber jetzt eine Erfindung hat, mit der man immer nur drinnen im Haus bleibt und nicht mehr rausgeht, und vielleicht noch eine Maschine hat, die alles für einen macht, wird man immer dicker. Dann sitzt man nur noch herum. Dann wäre das Leben ohne die neue Erfindung besser.»

«Waffen wären besser nicht erfunden worden. Aber manchmal braucht man auch Waffen. Sonst stirbt man selbst.»

Was macht das Leben der Menschen gut?

«Es ist eigentlich gut, zu leben. Ohne das Leben der Menschen könnte man sich gar nicht entwickeln. Dann wäre die Erde nur ein Planet – wie der Mars. Dann wäre es hier leer. Aber das Leben kann auch eine Bedrohung sein, für die Erde und auch für die Menschen.»

«Gut ist es, eine Familie zu haben, weil die immer für einen da ist. Oder Freunde zu haben. Dann ist man nicht allein oder einsam, beim Spielen zum Beispiel. Man kann gemeinsam schöne Sachen unternehmen, und man fühlt sich mit ihnen zu Hause. Wenn man in Gefahr ist, dann hilft die Familie, und die Freunde helfen auch, weil sie uns mögen. Wenn man keine Familie hätte, würde man auf der Straße leben. Man fühlt sich in der Familie immer gut aufgehoben.»

«Auf dem Spielplatz habe ich eine Familie gesehen, die sich anscheinend nicht so wohl miteinander gefühlt hat. Die haben alle ein nicht so schönes Gesicht gezogen, und ein Kind hat geweint. Wenn es so ist, dann mögen die Kinder die Familie vielleicht nicht. Manche sagen in dem Moment auch, dass die Eltern böse sind.»

Kann ein Streit auch etwas Gutes bewirken?

«Manchmal denkt man: Meine Familie ist doof – und eigentlich liebt man sie aber trotzdem noch im Herzen. Man denkt nur, dass die Familie doof ist. Aber das ist sie gar nicht, sie bedeutet einem immer ganz viel.»

«Ein Junge aus der Nachbarschaft ist oft ziemlich frech. Er muss dann reingehen und sagt schlimme Sachen zu seinen Eltern. Er ist sauer, dass sie so streng zu ihm sind. Aber sie sind ja nur streng, weil er vorher frech war.»

«Es muss auch mal Streit geben, denn wenn immer alles gut ist, ist das auch blöd.»

«Das ist wie bei den Freunden – wenn man sich streitet, dann versteht man sich später wieder besser. Wenn alles gut ist, erkennt man das Gute nicht mehr.»

EINIGKEIT UND VIELFALT

Warum gibt es Krieg und Frieden?

«Einige wollen den Krieg, und deswegen stiften sie ihn an. Oder sie sagen: ‹Die haben einige von uns getötet› und wollen sich rächen. Manchmal stimmt das aber gar nicht.»

«Krieg ist etwas Böses, weil da viele Menschen sterben. Ohne Krieg würden alle Länder Frieden haben und gut miteinander auskommen.»

«Wir müssen uns verteidigen, wenn andere angreifen. Dann müssen wir Krieg führen. Wenn wir uns nicht wehren, sterben wir.»

«Wenn irgendwann einmal das Essen ausgeht bei einem Krieg, muss man sich selbst Essen besorgen und Tiere jagen. Dazu sind Waffen gut. Deshalb brauchen wir Waffen, obwohl wir lieber in Frieden leben wollen und gar keine Waffen haben wollen, weil mit den Waffen ja sehr oft ein Krieg angefangen wird.»

«Die Menschen finden Frieden eigentlich nur zur Hälfte gut, weil manche den Krieg wollen, und die meisten wollen das nicht. Also mehr als die Hälfte der Menschen ist für Frieden.»

Ist es gut, auf der Welt zu sein?

«Wenn Kinder bei der Geburt sterben, sind sie traurig. Es wäre dann vielleicht besser, sie wären gar nicht erst geboren. Aber sie können es natürlich nicht sagen.»

«Ein Junge, der ein Jahr alt war, lag immer nur im Bett. Er hatte kein Poloch und keine gute Speiseröhre, er musste mit einem Schlauch in den Bauch ernährt werden. Als er gestorben ist – da hat sich seine Familie auch ein bisschen gefreut. Denn es ist ja nicht schön, so dazuliegen. Ich glaube, er hat sich ein bisschen gefreut, dass er auf der Welt ist, aber ein bisschen auch nicht, weil er nicht essen und verdauen konnte.»

«Manche Kinder wachsen im Bauch zusammen wie siamesische Zwillinge. Da können die Ärzte manchmal nur ein Kind retten, aber das andere stirbt. Ich kenne auch ein Kind, das eigentlich ein Zwilling war, aber sein Zwillingsgeschwisterchen ist im Bauch der Mama gestorben. Als die Mama untersucht wurde, war nur das eine Kind auf dem Bild im Bauch der Mama zu sehen, aber noch eine zweite Nabelschnur.»

«Manche wollen nicht, dass sie auf der Welt sind, weil ihr Leben in letzter Zeit schlecht ist. Dann möchte man vielleicht lieber ganz woanders sein. Viele, aber nicht alle finden es gut, dass sie geboren sind.»

Wollen wir sorgenfrei leben?

«Große Probleme will wirklich keiner haben, aber kleine Probleme können manchmal ganz gut sein. Ein großes Problem ist, wenn man eine Sechs kriegt – und ein kleines ist zum Beispiel, wenn man eine Hausaufgabe vergessen hat. Bei manchen ist aber auch eine Zwei ein großes Problem.»

«Die meisten Menschen machen sich ja Sorgen, dass etwas passieren könnte. Die Sorgen kommen aus dem Gehirn. Oder eigentlich von anderen Menschen. Man sieht, dass den anderen etwas passiert ist, und denkt, dass einem das selbst auch passieren kann. Man stellt sich die Sorgen dann vor, oder sie kommen aus der Phantasie.»

«Eigentlich geht das gar nicht, keine Sorgen und Probleme zu haben – die Sachen passieren ja einfach. Da kann man nichts gegen machen. Wir machen uns automatisch Sorgen. Sie kommen auch aus dem Herzen, weil man jemanden ganz doll gernhat und Angst hat, dass demjenigen etwas passiert. Dann ist es auch ein Gefühl. Keine Sorgen und Probleme zu haben, finden die Menschen nicht gut. Sonst hätten wir ja gar keine Gefühle.»

Sollen alle Menschen wohlhabend sein?

«In der Welt ist vieles oft ungleich verteilt. Wenn einer mehr Geld hat und ein anderer weniger, dann wollen manchmal beide das Geld haben. Manche sind auch reich und betteln trotzdem um Geld und verstellen sich. Und manche Reichen geben auch nichts ab. Sie wollen den Armen kein Geld abgeben, weil es ihr Geld ist.»

«Manche sind obdachlos und müssen auf der Straße leben. Aber manche, die zum Beispiel schon seit drei Jahren obdachlos sind, mögen gar nicht mehr in Häusern wohnen und wollen nicht mehr mit Geld umgehen.»

«Am besten wäre, wenn jede Familie eine ganz große Wohnung hätte. Es kommt aber auch darauf an, wie viele Kinder man hat und wie viel Platz man braucht. Vielleicht ist es trotzdem für alle gut oder jedenfalls besser, wenn sie nicht so eng wohnen und jeder selbständig sein kann.»

«Wohlstand heißt, dass man sein Zuhause, die Wohnung oder das Haus bezahlen kann. Man kann Essen und Kleider kaufen und etwas Schönes unternehmen. Eigentlich ist das gut.»

«Um Geld streitet man sich oft. Ich finde, Geld und Wohlstand sind für die Menschen nur zur Hälfte gut.»

ROSI, 9 Jahre

Was ich wissen möchte:

Ich möchte wissen, wie die Zukunft ist und ob der Krieg bald ein Ende hat.

Im Zusammenleben mit anderen Menschen denke ich …

… darüber nach, dass es nett ist, mit anderen zusammenzuleben, aber dass das auch mal Streit geben könnte.

In meinem Leben hoffe ich,

… dass ich lange leben kann und auch gute Zensuren habe.

LENA, 9 Jahre

Was ich wissen möchte:

Ich möchte wissen, wie die Wissenschaftler damals darauf gekommen sind, PC und Fernseher zu erfinden.

Im Zusammenleben mit anderen Menschen denke ich …

… darüber nach, wie ich etwas verbessern kann oder wie manche Kinder sich fühlen.

In meinem Leben hoffe ich,

… dass ich gut vorankomme.

TABEA, 10 Jahre

Was ich wissen möchte:

Ich möchte wissen, ob alle in meiner Familie gesund sind.

Im Zusammenleben mit anderen Menschen denke ich …

… darüber nach, dass alle unterschiedlich sind. Ich bin anders als alle anderen – alle anderen sind anders als ich.

In meinem Leben hoffe ich,

… dass ich so lieb und nett werde wie meine Eltern und später mit Kindern und Tieren leben kann.

URTEIL
UND
WAHRHEIT

Gibt es gute und böse Menschen?

«Manche Menschen sind böse, manche sind gut. Wenn man sehr frech und gemein ist, ist man böse. Es kommt aber darauf an, wie schlecht und gemein. Wenn man einen anderen ärgert, ist man mal böse. Wenn man aber dann wieder lieb ist, ist man nicht mehr böse.»

«Man ist böse, wenn man stiehlt, wenn man ganz doll zuschlägt, sodass der andere blutet, wenn man mordet. Manche begehen Selbstmord, das ist nicht gut. Aber auch nicht automatisch böse.»

«Bei Weltkriegen gibt es irgendwo einen ganz bösen Menschen, so wie Hitler. Deutschland hat angefangen mit dem Weltkrieg und hat andere angegriffen, zum Beispiel die Russen. Die Russen haben sich am Schluss gewehrt. Manche sagen, die Russen sind die Bösen, aber das muss nicht so sein. Und die deutschen Soldaten müssen auch nicht unbedingt böse sein, das kann Hitler gewesen sein.»

«Manchmal sieht man Leute, die ganz schwarze Sachen anhaben. Da denkt man, dass die böse sind. Aber sie sind vielleicht nur komisch gekleidet. Man weiß es nicht. Vielleicht sind sie auch lieb. Man denkt das manchmal, weil man Angst hat. Alle haben Angst vor dem Bösen. Zum Beispiel vor Anschlägen wie in Istanbul oder Paris. Manchmal verdächtigt man dann auch die Falschen.»

Wie kann man erkennen,
ob etwas gut oder böse ist?

«Irgendwann weiß man das vielleicht. Aber da muss man schon lange nachforschen und Beweise suchen, bis man das weiß.»

«Wenn sich Fußballfans bei einem Länderspiel sehr schlecht benehmen und man nicht genau weiß, wer das jetzt wirklich war, sollte man nachforschen und niemanden falsch beschuldigen. Vielleicht haben die ja nur aufgeregt geredet.»

«Als ich noch klein war und einen dicken Mann gesehen habe, da habe ich ganz laut gerufen: ‹Da ist ein dicker böser Mann.› Aber das meinte ich nicht so, ich war ja noch ganz klein. Ich glaube, der war auch lieb, er sah nett aus.»

«Vielleicht war es ja das Erste, was dir durch den Kopf geschossen ist. Und dann hast du das einfach gesagt. Kleine Kinder denken nicht drüber nach, was sie sagen. Die denken einfach drauf los – das machen wir ja auch manchmal.»

Woher kommen Vorurteile?

«Ich hatte einmal eine Fußballkarte doppelt – die war dann plötzlich weg. Und komischerweise hatte ein Junge, der immer besonders viel Unsinn erzählt, nach dem Wochenende genau eine solche Karte. Er behauptete, er habe die zu Hause bekommen. Das habe ich ihm nicht so richtig geglaubt. Ich hab den gefragt, aber er hat immer geantwortet: ‹Nein! Ich habe deine Karte nicht!›»

«Man kann es eigentlich nicht verhindern, einen Verdacht zu haben. Es kann aber trotzdem sein, dass man nicht recht hat. Dann denkt man oft: ‹Warum habe ich den jetzt beschuldigt?›»

«Man kann auch denken: ‹Der hat das bestimmt nicht gemacht.› Wenn er so etwas aber schon öfter gemacht hat, kann man das kaum glauben. Wenn er es vorher noch nicht gemacht hat, kann man das schon glauben.»

«So etwas weiß man nie ganz genau. Man muss glauben, dass er es nicht gemacht hat.»

Wie geht man mit Fehlurteilen um?

«Manchmal fragt man sich: ‹Warum habe ich das jetzt eigentlich gesagt?› Das fragt man sich, wenn man ganz schnell denkt: ‹Der hat jetzt etwas Schlechtes gemacht.› Oder wenn man ohne Grund denkt: ‹Der hat etwas Schlechtes gemacht.› Dann muss man sich entschuldigen.»

«Manchmal ist es zu spät für eine Entschuldigung. Wenn etwas zum Beispiel schon ein paar Monate her ist. Es passt am besten, sich gleich danach zu entschuldigen. Nicht immer, aber meistens. Es klappt nicht immer gleich, man braucht manchmal mehr Zeit.»

«Wenn man die andere Person kennt, könnte man später zu ihr gehen und sich entschuldigen. Oder wenn man die Person zufällig noch mal sieht. Man muss sich ja erst einmal sicher sein, dass es nicht stimmt, was man gedacht hat. Oder dass man es einfach nicht genau weiß.»

MAX, 9 Jahre

Was ich wissen möchte:

Ich möchte gerne wissen, wann wir in der Zukunft sind.

Im Zusammenleben mit anderen Menschen denke ich ...

... darüber nach, ob jemand mein Freund werden kann.

In meinem Leben hoffe ich,

... dass ich nie sterben werde.

LAURI, 10 Jahre

Was ich wissen möchte:

Ich möchte wissen, was in 100 Jahren passiert und was es in 100 Jahren für Technik gibt.

Im Zusammenleben mit anderen Menschen denke ich ...

... über mein Zuhause und meine Familie nach und darüber, was als Nächstes passieren wird.

In meinem Leben hoffe ich,

... dass ich eine gute Arbeit bekommen und ein schönes Zuhause haben werde.

JENNIFER, 10 Jahre

Was ich wissen möchte:

Ich möchte wissen, wo das erste Tier hergekommen ist – irgendwie muss das erste Lebewesen ja entstanden sein.

Im Zusammenleben mit anderen Menschen denke ich ...

... darüber nach, wie der nächste Tag wird – ob wohl etwas Besonderes passieren wird.

In meinem Leben hoffe ich,

... dass noch schöne Dinge passieren und dass ich mit meinen Freunden noch lange befreundet bleibe.

GLÜCK

Was ist Glück?

«Glück ist, wenn man ein gutes Gefühl hat.»

«Glück ist, wenn man immer nur gute Gedanken bekommt.»

«Glück kommt von außen, wenn tolle Sachen passieren, wenn man zum Beispiel Spaß mit dem Freund hat.»

«Das Glück kommt manchmal auch von innen. Wenn das Glück von innen kommt, freut man sich und hat Glücksgefühle. Deswegen hat man nicht immer Lust über etwas Böses nachzudenken. Man hat dann zwar nicht gleich böse Gedanken, aber man möchte nicht über Böses nachdenken.»

«Mal ist es da, mal nicht. Man merkt, dass das Glück da ist, wenn man sich gerade nicht streitet und wenn alles friedlich ist. Wenn alles in Butter ist, merkt man das und fühlt sich frei von allem Stress. Wenn man Stress hat, fühlt sich das an, als ob alles ganz schnell geht und man außer Atem kommt. Wenn man gut bei einer Sache angekommen ist, holt man einmal tief Luft, und dann passiert etwas Gutes, und das Glück ist wieder da.»

Wann ist das Glück da?

«Wenn man jeden Tag Glück hat, weiß man nicht mehr, dass man Glück hat. Man ist froh, wenn etwas Schlechtes passiert und man dann wieder Glück hat. Man wünscht sich zwar für immer Glück, aber besser nicht für jeden Tag.»

«Man wünscht sich, dass man glücklich ist. Man vergisst aber das Glück manchmal oder spürt es nicht. Obwohl man gerade Glück hat. Dann fragt man sich: ‹Wann habe ich wieder Glück?›»

«Man kann sich auch wünschen, das Glück zu bemerken: Wenn da ein Stein liegt und man geht da lang und stolpert nicht, aber der hinter einem stolpert, dann kann man sagen: Da hatte ich jetzt Glück, und darüber kann man glücklich sein.»

«Mal hat man Glück – mal hat man Nicht-Glück. Wenn man immer Glück hat, dann ist das Glück nicht mehr schön.»

Was wünschen wir uns?

«Wenn man einen schlechten Tag hat, wünscht man sich, dass alles wieder gut wird.»

«Man wünscht sich etwas, das man nicht alleine schafft oder von dem man denkt, dass man es nicht schafft. Zum Beispiel beim Klettern: Wenn man nicht bis ganz nach oben kommt, wünscht man sich, dass man irgendwann hoch- kommt, dass man genug Kraft hat. Man muss sich einreden: Ich schaffe das, ich schaffe das, und dann schafft man es meistens auch.»

«In anderen Ländern töten die Men- schen Tiere und beten danach zu Gott, dass er ihnen Regen schenkt. Sie müssen dann noch tanzen. Sie tun etwas für den Wunsch, den sie haben. Wir machen das meistens nicht.»

«Man sagt ja, wenn man eine Wimper hat, muss man die wegpusten, und dann kann man sich etwas wünschen – aber ob der Wunsch wirklich in Erfüllung geht …»

Wofür sind Wünsche gut?

«Man fühlt sich gut, wenn man Wünsche hat. Man hat Vorfreude.»

«Wünsche sind gut dafür, dass man an etwas glaubt. Wenn man zum Beispiel im Sport etwas ganz Schweres machen muss, wünscht man sich, dass es klappt. Oder dass man gewinnt. Man wünscht sich Glück.»

«Man wünscht sich, dass das Lieblingsteam gewinnt. Wenn man schon für ein Team ist, dann soll es auch gewinnen. Das ist aber etwas anderes, das Wünschen im Sport. Zum Beispiel im Fußball. Wenn Deutschland gegen Frankreich spielt und man sich wünscht, dass Deutschland gewinnt, wünsche ich mir das, weil ich auch aus Deutschland bin. Auf der anderen Seite bekommen die Geld dafür, wenn sie gewinnen. Wenn sie gewinnen, liegt das daran, dass sie gut sind. Und es hängt davon ab, wie gut die Gegner sind. Oder ob sie eine gute Aufstellung haben.»

«Wünsche können Wirklichkeit werden. Das kann man nicht voraussehen. Das liegt manchmal auch überhaupt nicht daran, dass man es sich gewünscht hat.»

Wovon träumen wir?

«Man träumt von etwas, aber man spricht nicht darüber. Wenn man sich etwas wünscht, dann weiß man gleich, dass man das gerne haben möchte. Man träumt vom glücklichen Leben, und man wünscht sich Geschenke.»

«Träume werden manchmal Wirklichkeit.»

«Träume haben mit der Wirklichkeit nicht wirklich etwas zu tun. Das sind Gedanken. Wenn man schläft, dann verwechselt man das manchmal. Man denkt, das ist Wirklichkeit, dabei ist es ein Traum. Wenn man im Traum etwas Gutes träumt, denkt man, dass es in Wirklichkeit passiert, aber am nächsten Tag ist es nicht so.»

«Der Traum ist aber trotzdem gut. Er ist gut für die Phantasie. Phantasie zu haben ist gut, weil vielleicht durch die Phantasie die Träume wirklich in Erfüllung gehen, sodass man ein neues Leben starten kann oder ein Streit auf einmal vorbei ist. Das kann man sich gut in der Phantasie vorstellen. Mein Traum ist, zaubern zu können.»

Was fasziniert die Menschen
am Zaubern?

«Eigentlich kann ja niemand zaubern. Die Zauberer machen einfach Tricks. In den Zauberkästen ist jemand drin, und der Zauberer lässt den verschwinden. Drinnen ist etwas eingebaut, wo man runterklettern kann. Der Zauberer sagt: ‹Er ist weg, und jetzt hole ich ihn wieder hervor.› Und dann sagt er einen Zauberspruch und schwingt den Zauberstab ein paarmal, und der andere ist wieder da, weil er in die Box zurückgeklettert ist. Die Leute staunen: ‹Wow, der kann zaubern!› Die Leute glauben das, obwohl sie wissen, dass das gar nicht geht. Sie lassen sich vom Zauberer überraschen.»

«Die Menschen finden Zaubern toll, weil die Zauberer mit ihrer Show die Zuschauer verblüffen können. Oder weil die Zuschauer einfach nur Spaß haben wollen.»

«Die Leute fühlen sich magisch angezogen, wenn sie Zauberer sehen. Sie wollen herausfinden, was noch alles passieren kann.»

GEFÜHLE

Was sind Gefühle?

«Ein Gefühl steckt im ganzen Körper. Ich fühle mich frei, wenn es mir gutgeht.»

«Ich fühle mich gerade gemein. Blöd. Das Blöd ist im Mund, denn wenn ich mich blöd fühle, muss das auch aus meinem Mund kommen. Dann sage ich: ‹Du bist blöd.› Das ist irgendwie nett gemeint. Aber trotzdem.»

«Bei mir ist das Blöd auch im Mund. Mir rutschen immer Schimpfwörter heraus, die ich eigentlich nicht sagen möchte. Aber wenn man wütend ist, kommen die einfach heraus.»

«Wenn ich etwas nicht gut gemacht habe, bin ich traurig, und wenn ich das zu Hause sage, bekomme ich auch noch eine Strafe, und dann bin ich zusätzlich noch wütend. Die Wut ist im Herzen.»

«Ich bin auch manchmal traurig, wenn ich wütend bin. Das fühle ich in der Hand: Ich zittere dann.»

«Wenn ich wütend bin, mache ich immer irgendetwas kaputt. Da ist das Gefühl in den Füßen oder in den Händen. Manchmal beiß ich in Sachen rein. Ich habe mir auch schon mal selbst auf den Daumen gehauen, als ich wütend war.»

Wann fühlen wir etwas?

«Eigentlich fühlen wir ständig etwas, aber die Luft kann man zum Beispiel nicht fühlen. Oder doch: Man kann den Wind spüren. Und wenn wir die Luft einatmen, dann merken wir sie auch. Man spürt sie auch an der Haut. Wenn man zum Beispiel mit der Hand wie mit einem Fächer wedelt. Oder man spürt die Luft, wenn es kälter oder wärmer wird.»

«Manchmal fühlen wir auch die Kleidung. Also nicht gleich nach dem Aufstehen. Das kommt erst später am Tag. Ich fühle sogar manchmal nachts. Ich greife immer unter mein Kissen. Ich spüre mein Kissen.»

«Wenn ich schlafe, boxe ich immer herum. Und drehe mich hin und her. Dann fühle ich die Decke. Obwohl ich auch weiterschlafe und gar nicht aufwache.»

Welche Gefühle gibt es?

«Man kann Traurigkeit, Wut, Ärger und Freude auf einmal fühlen. So richtig gleichzeitig aber nicht immer.»

«Man kann traurig, aber auch wütend sein, wenn man zum Beispiel vollgemeckert wird. Oder man freut sich, dass man in der Wut direkt jemanden geboxt hat, dass man schon mal etwas von der Wut herausgelassen hat.»

«Wenn man einen Boxkampf gewonnen hat, und der andere mit dem Krankenwagen ins Krankenhaus gefahren werden muss, freut man sich über den Sieg, aber gleichzeitig hat man kein richtig gutes Gefühl, weil der ins Krankenhaus muss. Man fühlt sich schuldig.»

«Eigentlich ist es schon ganz gut, unterschiedliche Gefühle zu haben. Wenn wir keine Gefühle hätten, würden wir vielleicht nur gute Sachen machen, aber vielleicht auch nur schlechte Sachen. Oder wir könnten nicht lieben. Weil Liebe gehört ja auch zu den Gefühlen.»

Kann man die Gefühle
anderer Menschen bemerken?

«Wenn jemand die Gefühle nicht gern zeigt, kann man sie trotzdem bemerken. Das klappt, wenn das Verhalten gerade nicht zur Situation passt, wenn ein anderer an einer ganz komischen Stelle lacht oder weint.»

«Man kann Gefühle sehen. Bei einem Hund kann man überlegen, was los ist, wenn er ganz wild ist. Das geht bei einem Menschen auch.»

«Man kann sich auch merken, wann sich etwas wiederholt, wann bestimmte Gefühle bei anderen immer wiederkommen.»

«Also andere können die Gefühle schon bemerken. Ich habe zum Beispiel einmal im Schlaf ganz laut zu meiner Schwester gesagt: ‹Mach das nicht! Lass mich in Ruhe!› Sie war gerade in mein Zimmer gekommen und wollte ‹Gute Nacht› sagen. Ich habe davon nichts mitbekommen, aber sie wusste, dass sie jetzt lieber nichts zu mir sagen sollte.»

Haben die Menschen
unterschiedliche Gefühle?

«Manchmal hat man die gleichen Gefühle mit einem anderen Menschen zusammen. Wenn eine Freundin ein bisschen traurig ist, ist man auch selbst ein bisschen traurig. Man würde gerne etwas dagegen machen und kann es nicht, obwohl man möchte, dass sich die Freundin wohlfühlt.»

«Gefühle stecken an. Wenn ich ganz fröhlich bin und meine Freundin anstrahle, muss sie, glaube ich, auch lächeln, weil ich das irgendwie an sie übertrage.»

«Die Menschen können auch ganz unterschiedlich sein, wenn sie traurig sind. Manche weinen und andere sagen einfach: ‹Das ist doch doof, was hab ich denn falsch gemacht?›»

«Wenn sie wütend sind, stampfen manche Menschen ganz doll mit dem Fuß. Ich haue vielleicht eher, ich habe auch schon einmal mein Kuscheltier zerrissen. Manche werden in der Wut gleich sauer auf andere. Also sie übertragen das auch. Und andere werden sauer auf die Wütenden, weil sie nicht wissen, was sie falsch gemacht haben sollen.»

Wie fühlen sich Gefühle an?

«Manchmal versteht man sich selbst nicht. Wenn ich traurig bin, fühlt sich das so an, als ob mein Herz irgendetwas hat. Das Herz pumpt schneller. Auch wenn man ganz aufgeregt ist. Wenn man wütend ist, ist das Herz erst etwas langsamer und wird dann schneller, die Wut will raus.»

«Ich denke meistens über meine Gefühle nach, wenn ich mich ausgeruht fühle und mich einfach nur so ins Bett lege. Dann überlege ich, wann ich wütend war. Und traurig. Und lustig. Wie das war und was ich gemocht habe oder wann ich böse Wörter sagen wollte, die man eigentlich nicht sagen darf. Die Gefühle sind immer entweder im Bauch oder im Herzen. Manchmal frage ich später zu Hause, ob ich auch einmal ein ganz schlimmes Wort sagen kann. Ich will wissen, wie sich das anfühlt.»

«Beim Traurigsein ist es gut, wenn man weiß, dass man traurig ist. Wenn andere traurig sind, kann man sich bei ihnen entschuldigen. Wenn man selbst traurig ist, weiß man meistens nicht, was man da machen kann. Dann ist man einfach weiter traurig.»

MACHT UND SELBSTBESTIMMUNG

In Astrid Lindgrens Geschichte
«Pelle zieht aus» wird Pelle zu Unrecht
von seinem Vater beschuldigt, seinen
Füllfederhalter genommen zu haben.
Der Vater ist unter Druck, weil er zur
Arbeit muss. Die Mutter ist auf der Seite
des Vaters – und Pelle beschließt aus-
zuziehen.[4]

Wann verhalten sich
Eltern unfair?

«Pelle wird vollgemeckert, obwohl er gar nichts getan hat.»

«Der Vater hat Pelle am Arm gepackt, das tat sicher weh – wenn der das jeden Tag so macht, kann man verstehen, dass Pelle ausziehen möchte. Und wenn die Mutter dann noch zu dem Vater hält, ist es auch unfair, weil niemand mehr auf Pelle hört.»

«Es ist besonders ungerecht, wenn keiner in der Familie zu dem Kind steht, weil es noch klein ist. Vielleicht hat die Mutter den Füllfederhalter in die Jackentasche des Vaters gesteckt oder der Vater selbst. Der muss ja zur Arbeit, und vielleicht hat er den einfach schon eingesteckt.»

«Die Eltern beschuldigen Pelle einfach, nur weil er sich den Füllfederhalter früher schon einmal ausgeliehen hat. Und Pelle denkt, dass ihm jetzt keiner mehr glaubt. Das kann so weit gehen, dass der Vater denkt, Pelle hat den Füllfederhalter kaputt gemacht und will das jetzt nicht sagen. Deshalb sagt Pelle: ‹Ich hab den nicht, und vielleicht hast du den selber auf der Arbeit oder im Büro.› Dann denkt der Vater leider noch schlechter von Pelle.»

Wie entstehen
Beschuldigungen?

«Man kann den Vater ein bisschen verstehen. Wenn Pelle sich den Füllfederhalter immer ausleiht und der Vater schon seine ganzen Sachen durchsucht hat, muss er doch auf die Idee kommen, dass Pelle den vielleicht hat.»

«Man merkt, dass der Vater richtig sauer ist, weil er Pelle so doll am Arm gepackt hat. Das macht er bestimmt sonst nicht. Er meint es ernst. Der Füller ist ihm wichtig. Und er kann jetzt an nichts anderes denken.»

«Der Füllfederhalter kann viel Geld gekostet haben. Aber ich würde trotzdem an Stelle des Vaters nicht gleich Pelle beschuldigen. Und die Mutter war sofort auf der Seite des Vaters, aber vielleicht weiß sie überhaupt nicht, was vorher los war.»

Wie geht man Streit
aus dem Weg?

«Wenn meine Schwester und ich streiten, gehe ich in mein Zimmer und halte den Türgriff fest, dann kann sie den nicht runterdrücken. Man will einfach erst einmal Ruhe haben und keinen Streit.»

«Bei meinem Bruder ist mir einmal eingefallen, ein paar Kisten aufeinanderzustapeln, damit er den Türgriff nicht runterdrücken kann. Wenn man aber Streit mit Mama oder Papa hat, geht das nicht. Die wollen nicht, dass man ihnen die Tür zuhält.»

«Wenn man endlich einmal seine Ruhe haben will, kann man auch einfach kurz aus dem Fenster klettern – außer wenn es im vierten Stock ist. Man muss sich aber genau überlegen, wo man landet.»

«Bevor man aus dem Fenster oder vom Balkon springt, kann man auch gleich zur Haustür runterrennen und rausgehen und sich draußen verstecken.»

Wie kommt man aus einem Streit heraus?

«Wenn Mama und Papa zur Arbeit gehen, könnten sie sich beruhigen. Dann könnten sich alle abends oder am Nachmittag gemeinsam an einen Tisch setzen und in Ruhe über die Sache reden.»

«Man könnte auch selbst ins eigene Zimmer gehen. Sich erst mal beruhigen, runterfahren.»

«Mein Freund und ich haben bei einem Training gelernt, dass man dem anderen auf den Arm haut und sich befreit, wenn einen jemand am Arm packt.»

«Man kann auch zeigen, dass man richtig böse ist.»

Kann man in einer schwierigen Situation ruhig bleiben?

«Man kann es versuchen, aber wenn es gar nicht geht, kann man schon ausrasten. Dann ist halt Streit.»

«Dass die Wut rauskommt, ist auch gut. Man muss sich nur danach auch wieder beruhigen und miteinander reden. Man sollte niemanden beleidigen und keine Gewalt anwenden. Sonst gibt es noch viel mehr Streit.»

«Man sollte auch im Streit miteinander reden. Kinder dürfen auch sagen, was sie denken. Vor allem, wenn die Eltern sie zu Unrecht verdächtigen und mies zu den Kindern sind.»

«Da ist es vielleicht doch besser, sich aus dem Weg zu gehen und das später noch mal in ruhigem Ton versuchen zu klären. Man ist ja auch verletzt.»

«Manchmal kommt die Wahrheit gar nicht aus dem Mund heraus. Das gibt es. Weil man sich nicht traut und weil man Angst hat, dass man Ärger bekommt. Man fühlt sich total schlecht. Man möchte unbedingt etwas sagen, es kommt aber nicht heraus.»

Was löst es aus, wenn jemand sich im Unrecht fühlt?

«Wenn man zu Unrecht verdächtigt wird, fühlt man sich schwach und sagt Blödsinn. Man sagt, was man gerade denkt, und das kann eine Beleidigung sein. Manchmal beleidigt man aus Versehen. Man sagt etwas und denkt sofort: ‹Oh, das hätte ich jetzt lieber nicht sagen sollen.›»

«Man kann sich noch entschuldigen. Aber dazu muss man sich beruhigen. Das schafft man meistens erst später.»

«Pelle zum Beispiel sollte sich schon erst mal davon erholen, dass die Eltern ihn zu Unrecht beschuldigt haben. Er ist ja total traurig.»

Ist es gut, sich einzumischen?

«Wenn in einem Streit noch eine dritte Person dazukommt, wird es eigentlich immer schlimmer. Die dritten Personen mischen sich einfach ein, obwohl sie nicht von Anfang an dabei waren und nicht wirklich wissen, worum es geht.»

«Wenn ich die dritte Person bin, mische ich mich auch ein. Man möchte den Streit ja lösen und beenden. Und wenn einer der Streitenden schon so doll geärgert wurde, dass er weint, will man sich wirklich einmischen.»

«Es passiert eigentlich automatisch, dass man sich einmischt, weil man denjenigen, der im Streit schwächer aussieht, gern beschützen möchte. Manchmal hält man aber auch aus Versehen den Schuldigen für den Unschuldigen.»

«Wenn man sich einmischt, passiert es auch, dass man den ausmeckert, der den anderen beschuldigt hat. Das ist nicht so schön für den, weil der vielleicht in dem Moment gerade den Streit endlich beenden will, und jetzt kommt noch eine Person dazu, und man kommt nicht zur Ruhe.»

Was kann man machen, wenn andere sich streiten?

«Man sollte erst einmal fragen, wie die anderen die Sache emp-funden haben, die zum Streit geführt hat – was der eine denkt und was der andere denkt. Meistens erzählen die zwar ganz unterschiedliche Sachen, das ist normal, aber man braucht auch Beweise.»

«Man muss beide Seiten anhören. Und nicht nur auf die hören, die sich glaubwürdiger anhört. Wenn man keinen Zeugen hat, ist das aber nicht gerade leicht zu klären.»

«Wenn jemand sagt: ‹Hört doch auf›, wirkt das manchmal nicht. Die sagen vielleicht: ‹Misch du dich da nicht ein.› Man braucht dann eine ganz neue Idee dafür, was man nun machen kann.»

DAS LEBEN MIT TIEREN

Wie ist das Leben mit Tieren?

«Das Leben mit Tieren ist so ähnlich wie das Leben mit Menschen – ein Tier ist ja auch so ähnlich wie ein Mensch.»

«Es ist aber schon anders. Tiere werden hinter Zäunen gehalten, jedenfalls manche Tiere. Tiere machen nicht das Gleiche wie Menschen. Sie essen zwar und trinken, aber sie gehen nicht einkaufen. Tiere fressen nicht vom Teller und trinken auch nicht aus Gläsern oder Tassen.»

«Tiere haben auch Gefühle. Mit verspielten Tieren kann man gut spielen, und man kann sich mit denen anfreunden. Man kann bei Tieren Vertrauen gewinnen wie bei Menschen.»

«Wenn man mit den Tieren zusammenlebt, dann verhalten sie sich manchmal auch wie wir oder machen Sachen so wie wir und fressen unser Essen. Wenn wir Abendbrot essen, dann kommt unser Hund immer und schiebt sich im Liegen mit den Vorderpfoten näher, weil er auch etwas fressen möchte. Er möchte dann das machen, was die Menschen machen.»

Sind Tiere Menschen ähnlich?

«Tiere sehen nicht so wie wir Menschen. Wir sehen ja bunt – die Tiere sehen nur schwarzweiß.»

«Tiere fressen etwas ganz anderes als Menschen. Weil sie etwas anderes fressen wollen. Menschen wollen oft gar nicht essen, was die Tiere fressen. Tiger fressen zum Beispiel auch lebendige Tiere. Manche Tiere fressen auch kleine Insekten, das mögen wir Menschen nicht.»

«Tiere haben ein Fell – und sie können schneller Läuse kriegen und Flöhe. Sie haben ein dickeres Fell als wir. Wir haben aber auch ein bisschen Fell, Haare zum Beispiel.»

«Die meisten Tiere sind süßer. Hunde- und Katzenbabys vor allem.»

«Tiere sind keine Menschen, und Menschen sind keine Tiere. Sie sind alle unterschiedlich. Aber alle sind Lebewesen. Ein Wesen, das lebt. Menschen brauchen Wasser – und Tiere brauchen auch etwas zu trinken und Pflanzen auch. Alle Lebewesen trinken und essen. Jeder lebt auf eine andere Weise. Es gibt unterschiedliche Lebensweisen bei den Lebewesen.»

Sind Tiere klüger als Menschen?

«Tiere sind klüger als Menschen. Delfine haben sogar eine eigene Sprache. Die Delfine verständigen sich mit dieser Sprache, und sie merken, wenn irgendetwas in ihrer Nähe ist, ein Boot zum Beispiel.»

«Haie können ihre Feinde aufspüren, und wenn Menschen kommen, schwimmen die Haie weg.»

«Wenn man mit dem Auto weit weggefahren ist, und der mitgenommene Hund ausbüxt, findet er durch Riechen wieder nach Hause. Menschen können Reifenspuren nicht riechen. Nur wenn sie ganz frisch sind, riecht man sie als Mensch noch. Haie können auch besser riechen als Menschen.»

«Fledermäuse können Schallwellen auswerfen.»

«Delfine können auch besser schwimmen als Menschen.» – «Schwimmen hat aber nichts mit Klugheit zu tun. Schwimmen ist eher Sport. Klugheit hat etwas mit Denken zu tun, aber die müssen beim Schwimmen nicht denken.» – «Doch, sie müssen denken, wohin sie wollen. Sie können denken, aber anders als Menschen.»

Was bedeuten Tiere dem Menschen?

«Wir geben manchen Tieren Fressen, und Bauernhoftiere geben uns dafür ganz viel Nahrung zurück. Haustiere wie Katzen, die schmusen mit den Menschen.»

«Manche alten Leute mögen ihren Hund oder ihre Katze besonders. Sie sind dann nicht alleine und holen dafür die Tiere manchmal aus dem Tierheim heraus.»

«Bei manchen Sachen helfen uns die Tiere – früher wurden die Postkutschen von Pferden gezogen, es gibt auch Schlittenhunde in Alaska. Manche Hunde sind Blinden- oder Rettungshunde.»

«Für unsere Schafe hat mein Vater eine Koppel gebaut und von einer Weide zur anderen gebracht, weil auf der ersten kein Gras mehr war. Von den Schafen kommt dafür Wolle zurück.»

«Wir haben einmal Eidechsen gefunden, von denen eine verletzt war. Wir haben sie mit nach Hause genommen und die Steine vor dem Haus wie ein Zuhause für die Eidechsen zusammengelegt, damit sie sich wohlfühlen können. Wir haben auch die große Wunde der verletzten Eidechse versorgt. Sie wurde wieder gesund und hat vor einem Jahr zwei Kinder bekommen. Wenn die an warmen Tagen kommen, geben wir ihnen etwas zu fressen. Dann laufen sie im Garten herum, aber auch in den Wald, und sie kommen immer wieder zurück. Das freut mich sehr.»

Darf man Tiere essen?

«Manche Menschen essen keine Tiere, weil sie richtig tierlieb sind. Manche mögen einfach irgendwann kein Fleisch mehr.»

«Wenn die Tiere lecker schmecken, isst man sie gern. Hühner oder Wildschweine zum Beispiel. Aber manche Tierarten müssen auch geschützt werden. Wenn man die jetzt isst, dann gibt es sie bald nicht mehr. Deswegen essen die meisten auch kein Fleisch von Tieren, die selten sind.»

«In China essen die Menschen auch Hunde und Katzen. Sie schmecken denen vielleicht. Sie denken wohl ein bisschen anders als wir über Hunde. Man weiß es nicht genau.»

«Manche wollen einfach nicht schuld daran sein, dass Tiere dafür getötet werden, damit Menschen sie essen können.»

«Sonst werden die Tiere aber vielleicht von anderen Tieren getötet, eigentlich fressen alle Tiere andere Tiere. Die Tiere holen sich die anderen Tiere lebendig – und töten sie. Die Menschen essen tote Tiere.»

«Wir holen uns die Tiere meistens lebendig – aus dem Leben –, und dann werden sie geschlachtet. Und Jäger, die töten auch Tiere.»

Müssen sich Menschen und Tiere voreinander fürchten?

«Tiere müssen Jäger fürchten, und manche Tiere haben Angst vor den Menschen und denken, dass wir ihnen etwas tun. Manchmal ist es aber auch andersherum. Einige Tiere greifen uns an. Und einige Menschen haben große Angst vor Wölfen.»

«Manche Tiere täuschen einfach nur. Sie sehen süß aus, aber im Inneren sind sie nicht süß, sondern gefährlich. Robben sind eigentlich Raubtiere.»

«Spinnen zum Beispiel haben vor uns Angst, und wir haben auch vor Spinnen Angst. Die Spinnen haben Angst, weil wir Menschen viel größer sind als die kleinen Spinnen. Wir töten die Spinnen oft. Andersherum töten sie uns nicht. Außer Vogelspinnen vielleicht.»

«Manche machen die Spinnen vom Spinnennetz ab und legen sie dann nach draußen. Manche Menschen sind Tierfreunde, und andere sind Tierquäler. Wir hatten einen Ohrenkneifer zu Hause, den fanden die anderen eklig und haben ihn mit der Serviette zerdrückt, und ich sollte den wegbringen. Das fand ich auch ein bisschen eklig, weil der schon so zerdrückt war. Ich hätte ihn nicht zerdrückt. Ich hätte ihn einfach nur rausgesetzt. Er hat ja nichts gemacht.»

Wie verhält man sich gegenüber lästigen Tieren?

«Wenn eine Fliege herumfliegt oder nachts eine Mücke, dann ist man genervt, weil das ein Geräusch ist, bei dem man sich nicht konzentrieren oder nicht einschlafen kann. Und man hat Angst, dass die Mücke einen sticht.»

«Wenn eine Biene herumschwirrt, versteht man die Angst einiger Leute, weil sie gefährlich werden kann. Es kann sein, dass jemand einen Stich der Biene nicht verträgt.»

«Bei manchen Menschen muss man die Spinnen entfernen, weil sie die gar nicht aushalten. Sie bekommen manchmal gar keine Luft mehr, wenn eine Spinne da ist.»

«Man muss sich trotzdem bemühen, die kleinen Tiere vorsichtig rauszubringen. Wenn man sie tötet, müssen sie leiden, obwohl sie uns nichts angetan haben.»

«Wenn eine Spinne nicht freiwillig rausgeht oder wieder zurückkommt, ist es problematisch – im Haus überlebt sie nicht, weil ihr da vielleicht keine Fliegen ins Netz gehen. Dann könnte man die Spinne auch töten, weil sie sowieso drinnen sterben wird.»

Wann dürfen Menschen
Tiere töten?

«Man braucht einen richtigen Grund zum Töten: Essen oder Verteidigung. Ohne Tiere hätten wir nichts zu essen oder nur Gemüse. Menschen, die kein Obst und Gemüse mögen, würden ohne Fleisch nicht überleben.»

«Wir brauchen auch lebendige Tiere. Manche Tiere – zum Beispiel das Eichhörnchen oder der Eichelhäher – sorgen dafür, dass neue Bäume wachsen. Wenn die Tiere Eicheln verstecken und sie nicht wiederfinden oder nicht alle wiederfinden, dann wachsen neue Bäume. Und ohne Bäume haben wir keinen Sauerstoff.»

«Die wilden Tiere kommen immer näher zu unseren Häusern, und man weiß nicht, wie man sich verhalten soll. Tiere können manchmal gefährlich werden, wenn sie Tollwut haben zum Beispiel. Dann sind sie besonders lieb und besonders gefährlich. Manche Hunde müssen einen Maulkorb tragen, und auch ein ganz lieber Hund kann plötzlich angreifen, wenn er sich bedroht fühlt. Oder wenn man ihm das Fressen wegnimmt. Oder wenn er denkt, dass man ihm das Fressen wegnimmt.»

«Jäger dürfen Rehe schießen, weil die Rehe sonst die Bäume kaputt machen. Und ohne Bäume können wir nicht leben. »

Wie viel wissen die Menschen
von den Tieren?

«Tiere haben ihre Geheimnisse. Zum Beispiel weiß keiner, wo das Schnurren der Katze herkommt.»

«Manche Menschen wissen viel über Tiere, manche ganz wenig. Manche sind Tierforscher, die wissen viel über Tiere. Oder Menschen, die Tiere fair behandeln, die wissen auch viel über die Tiere. Diejenigen, die ein Haustier haben, die wissen dann über ein bestimmtes Tier sehr viel.»

«Tiere können ein unterschiedliches Leben haben. Einige Leute haben keinen Menschen, mit dem sie zusammenleben, und die haben dann manchmal ein Haustier. Das ist für sie wie ein Partner, bloß dass das Tier süßer ist. Man weiß aber nicht genau, ob das für das Tier auch so ist.»

Wie können die Menschen
mit wilden Tieren umgehen?

«Bei den wilden Tieren kann der Mensch eigentlich nicht wirklich etwas machen. Man darf sie nicht angreifen. Am besten leben Menschen und Tiere nebeneinander.»

«Bei Raubtieren ist es nicht so gut, wenn man die gernhat, weil sie angreifen können.»

«Man muss die wilden Tiere nicht gernhaben. Man kann sie mögen, aber man sollte sie nicht in der Nähe haben. Da hält man sich dran. Manche haben auch eine Allergie, die brauchen sowieso Abstand.»

«Man kann die Tiere mögen, aber man muss das nicht, weil das niemand bestimmt. Wir können uns das aussuchen, welches Tier wir mögen und welches nicht. Das Tier kann trotzdem leben.»

Was können Tiere fühlen?

«Was ein Tier gerade fühlt, das wissen wir nicht immer. Manchmal merkt man es nur, wenn man genau aufpasst, wie sich das Tier verhält. Es kann sein, dass das Tier gerade nicht in guter Stimmung ist. Da würde ich weggehen und warten, bis ich es ein bisschen genauer einschätzen kann.»

«Ein Tier bemerkt auch manchmal die Gefühle von Menschen. Die Katze meiner Oma ist immer zu meinem Papa gegangen und hat mit ihm gekuschelt, wenn er sauer auf mich war. Das hat sie gemacht, obwohl mein Papa eine Katzenallergie hat und von ihr immer weggeht.»

«Hunde wollen uns oft trösten. Sie merken auch, wenn wir Angst haben. Manchmal können die Tiere die Gefühle der Menschen fühlen, wenn die Menschen sie streicheln.»

BENNET, 10 Jahre

Was ich wissen möchte:

Ich möchte gerne wissen, was die Lehrer im Lehrerzimmer machen.

Im Zusammenleben mit anderen Menschen denke ich …

… darüber nach, was die anderen machen, wenn ich schlafe oder wenn ich weg bin.

In meinem Leben hoffe ich,

… dass ich immer gesund bleibe und auch ein guter Schüler bleibe.

TIM, 9 Jahre

Was ich wissen möchte:

Ich würde gerne wissen, dass ich Fußballer werde.

Im Zusammenleben mit anderen Menschen denke ich …

… darüber nach, dass es ständig neue Sachen gibt.

In meinem Leben hoffe ich,

… dass ich nicht sterbe.

KIM, 10 Jahre

Was ich wissen möchte:

Ich möchte wissen, wie das Universum entstanden ist und wie lange es die Menschheit schon gibt.

Im Zusammenleben mit anderen Menschen denke ich …

… über mein Leben nach und ob es sich verändert.

In meinem Leben hoffe ich,

… dass ich einen tollen Job finden und eine tolle Familie bekommen werde.

KATERINA, 9 Jahre

Was ich wissen möchte:

Ich möchte immer gerne wissen, was ich zum Geburtstag bekomme.

Im Zusammenleben mit anderen Menschen denke ich …

… darüber nach, ob ein bestimmtes Mädchen noch einen Freund bekommt.

In meinem Leben hoffe ich,

… dass ich noch Kontakt zu meinen Grundschulfreunden haben werde.

LENNY, 10 Jahre

Was ich wissen möchte:

Ich möchte wissen, auf welche Schule ich nächstes Jahr gehen werde – und ob das Universum wirklich unendlich groß ist.

Im Zusammenleben mit anderen Menschen denke ich …

… darüber nach, was die anderen von mir denken.

In meinem Leben hoffe ich,

… dass ich alle meine Freunde aus der Grundschule wiedersehe, dass ich später ein tolles Zuhause habe und dass ich dann genauso gut kochen kann wie mein Papa.

DER MENSCH
UND
DIE TECHNIK

Was finden die Menschen spannend
an Fernseher und PC?

«Man kann so viele Sachen damit machen. Fernsehen kucken zum Beispiel. Man kann am PC spielen und am Fernseher Internet-Videos anschauen. Man kann das fast miteinander austauschen.»

«Man freut sich, dass man am PC etwas machen kann. Am Fernseher freut man sich über die Sendungen. Wenn ich was Bestimmtes anschauen möchte, dann finde ich das auch echt interessant. Das finde ich dann angenehm. Man kann auch mal etwas Neues erfahren, was mich verblüfft.»

«Manchmal ist man auch überrascht, wie man den Film findet, wenn man ihn kuckt. Manchmal bin ich dann irgendwie aufgeregt oder lustig, und manchmal zittere ich sogar so ein bisschen.»

«Man hat Glücksgefühle und freudige Gefühle, man hat ein spannendes Kribbeln, und Gruseln ist auch mal ganz schön.»

«Manche finden es auch interessant, wie die Geräte im Inneren aufgebaut sind.»

Wie kommt die Technik
zu den Menschen?

«Für den Fernseher braucht man einen Kabelanschluss, damit
man den Fernseher auch anbekommt. Und wenn er nicht
angeschlossen ist, kann man nichts sehen. Wenn das Kabel
gebrochen ist, läuft da nichts mehr durch. Hunde beißen auch
mal Kabel durch. Oder Kaninchen.»

«Konrad Zuse hat den PC erfunden – und der erste PC war so
groß wie ein Hochbett. Davor haben aber auch andere schon
darüber nachgedacht. Das hab ich im Computer beim Suchen
gefunden.»

«Letztes Jahr haben meine Eltern einen Film über einen Mathe-
matiker gekuckt, der hat den Computer mit erfunden. Früher
haben sich die Menschen auch Sachen ausgedacht, wie man
besser und schneller rechnen kann. Im Mittelalter waren
manche bereits ganz schön schlau.»

Was können Computer?

«Damit man nicht am Computer herumfummeln muss, hat man die Maus auf dem Tisch und fährt mit ihr umher; man hat dann die gleiche Bewegung im Computer. Mit der Tastatur kann man Buchstaben drücken, die erscheinen auf dem Display. So kann man zum Beispiel Wörter schreiben, das ist schon mal nicht schlecht.»

«Durch das Programm oder die Software kann man überhaupt erst etwas mit dem Computer machen. Das ist ein bisschen wie Mathe, es gibt aber nur zwei Zahlen: Eins und Null. Mit den zwei Zahlen kann man alles programmieren.»

«Man kann auch alles speichern. Speichern macht der Computer eigentlich immer. Wenn man ihn ausschaltet und wieder anmacht, ist alles wieder da.»

«Wenn man etwas einfach nur löscht, findet man es im Computer im Papierkorb wieder. Oder wenn ein Computer kaputt ist, kann man das auch immer wiederbekommen. Man muss halt den Weg dahin finden, wo das gespeichert ist. Der Computer vergisst nichts.»

Wofür braucht man Computer?

«Jetzt haben auch Autos Computer. Manchmal braucht man
sogar in einer Fabrik einen Computer, damit da alles funktioniert. Am Handy oder Smartphone hat man Apps. Jetzt geht das
Leben fast gar nicht mehr ohne Computer. Nur zwischendurch
noch.»

«Man will oft schnell mal etwas wissen. Da helfen die Computer.
Man will den Weg wissen, wenn man schon unterwegs ist im
Auto. In einer Karte zum Aufblättern steht ja kein Stau drin, da
braucht man schon das Navi. Man kann auch Freunde über die
Medien treffen, über Mails oder auf Facebook. Dann können die
Freunde auch ganz weit weg sein, man trifft sie trotzdem
irgendwie.»

«Wenn man eine Frage hat, die man nicht beantworten kann,
kann man im Internet etwas dazu finden. Ich gehe darein, gehe
mit der Maus auf die Internettaste und klicke darauf, und dann
kommt das Internet. Mit der Tastatur kann ich eingeben, was ich
wissen will, und der Computer sagt mir etwas darüber. Wie das
ins Internet reingekommen ist, darüber habe ich noch nicht
nachgedacht.»

Was ist die künstliche Welt?

«In einer künstlichen Welt gibt es andere Farben. Da ist etwas Unechtes. Und es gibt andere Dinge, zum Beispiel Flugzeuge, die auch noch Propeller auf dem Dach haben. Oder Raumschiffe wie bei *Star Wars*. Oder Lichtschwerter, Laser, die alles zerschneiden können. Sachen, die es nur in der Phantasie gibt oder im Fernsehen oder in Computer-Videos.»

«Einhörner oder Tiere, die sprechen. Meerjungfrauen. Die gibt es ja im Leben nicht. Comicfiguren. Feen und Monster. Außerirdische. Bis jetzt gibt es nur die Außerirdischen, die sich manche Menschen ausgedacht haben, für Filme zum Beispiel.»

«Kleinen Kindern macht eine künstliche Welt vielleicht Angst, weil sie die ja nicht kennen. Aber die künstliche Welt ist auch gut, weil sie uns viel Phantasie gibt. Phantasie kann man frei laufen lassen, man kann Sachen bauen, und man kann Dinge tun, die man eigentlich nicht machen müsste. Und man kann Sachen erfinden, die richtig cool sind, zum Beispiel eine Bonbonmaschine. So eine richtig schöne große. Mit Phantasie geht es immer weiter.»

Können Computer und Fernseher
den Menschen schaden?

«Für unsere Gesundheit sind die Medien eigentlich nicht so gut. Wenn man viel Fernsehen schaut oder am Computer ist, ist das nicht so gut für die Augen.»

«Man könnte auch süchtig werden. Dann schaut man nur noch dahin und blendet die anderen aus. Man interessiert sich dann nur noch für Technik, ist nur am Handy oder bei Computerspielen oder anderen Sachen und spielt nicht mehr mit den anderen draußen.»

«Wenn man über sechs Stunden in der unrealen Welt ist, denkt man vielleicht, dass die Welt wirklich so ist.»

«Also eigentlich ist es mit den Medien nicht gerade langweilig, aber die Natur mag ich auch ganz gern. Das ist dann die reale Welt, die Welt, in der wir uns jetzt bewegen. Und die unreale Welt ist da, wo wir zum Beispiel vor dem Fernseher sitzen. Da kann man nicht wirklich etwas anfassen oder riechen.»

Können die Menschen
in verschiedenen Welten sein?

«Mein Nachbar hat eine Brille, mit der man auch in anderen
Welten sein kann. Da kann man verschiedene Welten einstellen,
und wenn man die Brille aufsetzt, ist es so, als würde man in
dieser Welt sein.»

«Man bekommt auch von überall Nachrichten, dass bei dem
Computerspiel Pokemon-Go schon viele gestorben sind.
Da ist eine Frau in einen See gefallen, weil sie so doll auf das Spiel
konzentriert war und nicht gemerkt hat, dass der Weg zu Ende
war.»

«Bei manchen Brillen ist das so: Wenn man damit draußen
herumgeht und etwas vor einem ist, gibt es ein Signal. Dann
piept das, und eine Stimme sagt: ‹Achtung, Achtung. Ein
Gegenstand.› Dann wird vorne eine Klappe aufgefahren, damit
der Mensch den Gegenstand sehen kann. Dann klappt die
wieder zu, und man kann weitergehen. Das hilft vielleicht.»

Wie kann man die reale und
die künstliche Welt unterscheiden?

«Manchmal kann man das nicht. Man weiß aber, dass man in der unrealen Welt fliegen kann oder Sachen machen wie Pippi Langstrumpf.» – «Die ist doch real!» – «Ne, Pippi Langstrumpf ist doch überhaupt nicht echt! Die gibt es gar nicht.» – «Aber es gibt doch im Film lebende Kinder.» – «Ja, aber das sind ja Kinder als Schauspieler, die in einem Film spielen. Pippi ist eine Figur, die sich die Schriftstellerin ausgedacht hat. Die ist nicht echt.»

«Manchmal kann man in einem Film sehen, dass jemand eine Maske trägt und dass das Gesicht nicht echt ist. Wenn es aber gut gemacht ist, kann man es manchmal kaum auseinanderhalten. Dann denkt man, dass ein Arzt im Fernsehen ein echter Arzt ist. Dabei sind das ja Schauspieler. Wenn die ihre Rolle richtig gut spielen, kann man durcheinanderkommen.»

«Wenn man ziemlich lange in der anderen Welt ist, stellt man sich Sachen vor, die eigentlich gar nicht da sind. Oder wenn man zu viel von einem Computerspiel spielt, den ganzen Tag lang, und wenn man dann rausgeht, kann es sein, dass man sich das Spiel wirklich vorstellt.»

«Sich draußen ein Computerspiel vorzustellen, ist okay. Aber wenn du glaubst, du bist draußen in dem Computerspiel drin, dann ist schon etwas durcheinander.»

Wie real ist die Computerwelt?

«Im Internet denkt man oft: ‹Wieso gibt es so etwas nicht wirklich?› Man will gerne, dass man sich verwandeln kann. Oder dass man gut kämpfen kann.»

«Die Computerwelt ist nicht echt. Aber diejenigen, die da schon längere Zeit sind, verwechseln das. Sie glauben das, weil sie schon so oft in der anderen Welt waren.»

«Das kann gefährlich sein, weil man die reale Welt gar nicht mehr beachtet. Man denkt, man ist in der unrealen Welt; man denkt, man ist dort real.»

Wie lebt man mit Natur
und Technik?

«Die Natur ist gesünder als die Technik, und von der Natur bekommt man mehr Sauerstoff. Die Technik schadet uns eher, von einem Computerspiel wird man total süchtig. Wenn man andersherum süchtig davon wird, in der Natur zu sein oder draußen zu spielen, ist das schon besser.»

«Ohne die Natur könnte man nicht leben. Ohne Technik vielleicht.»

«Man kann sich vornehmen, ganz viel in der Natur zu machen, und zwar so tolle Sachen, dass man zwischendurch das Handy gar nicht braucht.»

«Draußen kann man etwas mit Kastanien basteln oder ein Wettwerfen machen. Die Technik stört dann manchmal. Wenn man draußen beschäftigt ist und schön spielt mit einem Freund, und jemand kommt mit einem Handy – läuft der eine hin und kuckt das Handy an, und der andere ärgert sich. Der will nicht am Handy spielen, sondern draußen weiterspielen.»

Ist es möglich, Technik und Natur miteinander zu verbinden?

«Theoretisch kann man die Technik mit in die Natur nehmen. Es ist ja besser, wenn man frische Luft bekommt. Pokemon-Go kann man draußen spielen. Man kommt dabei aber in Gefahren. Man weiß selbst überhaupt nicht, wo man hingeht. Das Handy führt einen irgendwohin, und das Handy weiß nicht, ob es auf diesem Weg gerade einen Hügel runtergeht. Und man selbst merkt es auch nicht.»

«Manche Erwachsene machen drinnen Sport auf dem Fahrrad und schauen gleichzeitig Fernsehen. Sie sagen: Wenn sie nur Fahrrad fahren, wird ihnen langweilig, und wenn sie nur Fernsehen schauen, dann wäre das nicht gut. Mit beidem zusammen haben sie gute Laune.»

«Es gibt auch neue Fahrzeuge, zum Beispiel so eins mit zwei Rädern, auf dem man draufsteht und fährt und das mit dem Handy verbunden wird. Da kann man einstellen, wo man hinmöchte. Das ist auch beides, Sport und draußen sein und Technik.»

Was gehört zu einer guten Technik?

«Sie muss Spaß machen. Aber das Doofe ist, wenn man die Spiele auf dem Computer durchhat, möchte man immer neue Spiele haben. Es ist langweilig, ein Spiel wieder von vorne zu machen. Man weiß schon alles. Man will die Tricks oder Regeln in dem Spiel herausfinden. Das geht dann nicht mehr. Eigentlich braucht man für gute Technik ständig etwas Neues.»

«Eine gute Technik wäre, wenn Computerspiele nicht so viel Strom verbrauchen würden. Ich spiele gern etwas, wo man etwas bauen kann oder wo man im Spiel auf Pferden reiten kann, also Sachen aus dem richtigen Leben. Da geht aber immer mein Akku leer.»

«Ich finde die Technik gut, wenn ich selbst bestimmen kann, wann ich sie nutze. Bei manchen YouTube-Videos hat man auf einmal richtig Lust, sich da mal wieder etwas anzuschauen. Das klappt manchmal, aber manchmal auch nicht, weil man noch Hausaufgaben machen muss. Dann quält einen die Lust, und es wäre besser, es würde nur abends eine Sendung im Fernsehen geben.»

Sind Computer nützlich?

«Es gibt nützliche und unnützliche Technik. Man kann manchmal am Computer etwas für die Hausaufgaben finden, aber nicht immer. Manchmal findet man nichts, oder man findet etwas, das überhaupt nicht zu der Frage passt, die man hat.»

«Wir wussten einmal nicht, welchen Baum wir im Wald gesehen haben. Das war eine seltene Baumart. Wir haben dann am Computer gesucht, und da kommt man manchmal ganz schön durcheinander, bis man eine Antwort findet. Man kann auch nicht sicher sein, ob das wirklich gut erklärt ist. Man muss ja etwas finden, was man auch verstehen kann.»

«Ich will wissen, wie die Technik funktioniert. Manche erfinden die Spiele, aber wie, das wissen wir nicht. Wenn ich weiß, wie sie erfunden und entwickelt wurden und was sich die Erfinder dabei gedacht haben, kann ich mir die auch selber ausdenken. Das möchte ich gern.»

Wofür ist ein Handy gut?

«Nützlich ist, wenn man sich am Handy eine Such-App einstellt. Wenn man zum Beispiel einen Unfall hatte, kann jemand ganz schnell gesucht und gefunden werden, und man hat auch gleich die Telefonnummer der Person.»

«Es kann gefährlich sein, wenn eine andere, eine fremde Person durch die Handy-Ortung mitbekommen kann, wo ich bin. Theoretisch kann mich die Person dann entführen. Oder ich möchte einfach nicht, dass man weiß, wo ich bin. Manchmal fühlt man sich fast ein bisschen überwacht.»

«Die Erwachsenen wissen auch nicht immer, was jetzt wichtiger ist. Gestern war es bei mir so: Ich sollte am Tisch nicht mit meinem Handy spielen, und später sollte ich Oma anrufen, noch am Tisch. Ich habe mir gedacht: Man müsste sich ja mal entscheiden, ob ich jetzt mein Handy benutzen soll oder nicht.»

«Dass man einen Code einstellt beim Handy zum Entsperren, ist sehr nützlich, wenn es geklaut ist. Dann ist das Handy geschützt. Auf der anderen Seite ist es gut, wenn man bei einem Notfall keinen Code eingeben muss, sondern gleich die Notfallnummer eingeben und anrufen kann. Das ist schon praktisch. Manches ist gleichzeitig praktisch und gefährlich.»

IM
NETZ

Wie verhalten sich Menschen
im Internet?

«Es ist ziemlich schwierig, sich im Internet kennenzulernen. Deswegen gibt es dort so viel Mobbing. Manche, die sich noch nicht so gut kennen und verstehen, ärgern oder beleidigen sich oft gegenseitig. Manche wollen aber den anderen gar nicht richtig kennenlernen, und das müssen sie im Internet auch nicht wirklich. Das ist ein anderer Kontakt, den man da hat.»

«Mobbing ist, wenn man jemanden richtig verfolgt und provoziert. Das kann man im Internet ziemlich gut machen.»

«Manche freuen sich vielleicht, dass sie im Internet eine andere Person ärgern können, bevor sie sie überhaupt kennenlernen. Dann sagen sie zum Beispiel: ‹Du bist ja eine richtige Bohnenstange› oder so etwas.»

«Vielleicht gibt man sich einfach mehr Mühe, jemanden wirklich kennenzulernen, wenn man nicht im Internet ist. Da muss man nämlich eine Beleidigung auch wieder zurücknehmen.»

Welche Gefahren hat das Internet?

«Es hat sich schon einmal jemand wegen eines YouTube-Videos ermordet, weil er angeblich lustig fand, was die Person in dem Video gemacht hat. Ich dachte: ‹Wie dumm kann man sein?›»

«Etwas von YouTube nachzumachen, möchte man, weil dort meistens besondere Menschen etwas Tolles vormachen.»

«In einem Video haben sich Freundinnen gegenseitig Wasser über den Kopf gekippt. Das war total lustig, weil viele andere mitgemacht haben. Man muss aber aufpassen, wie man es nachmacht. Sonst kippt man sich oder anderen eiskaltes Wasser über den Kopf, ohne dass man das weiß. Dann kann man auch einen Herzinfarkt kriegen, weil man sich so doll erschreckt.»

Was können Kinder
im Internet machen?

«Eltern sollten mit den Kindern besprechen, was sie sich ansehen dürfen. Damit wir uns nicht irgendwelche Sachen anschauen, die wir noch nicht anschauen dürfen, und irgendetwas kaufen, was die Eltern dann bezahlen müssen.»

«Viele Kinder dürfen nicht ins Internet wegen Cybermobbing. Wenn ein Kind schon ein Handy hat, würde ich ihm als Erstes beibringen, dass es ins Internet gehen, aber dort niemanden hänseln oder beleidigen darf.»

«Man kann aber auch aus Versehen auf eine Seite kommen, die man gar nicht kennt, und dann schreibt man plötzlich mit Leuten, die man gar nicht kennt. Viele Kinder können nicht einschätzen, was im Internet alles passiert.»

«Die Eltern wissen aber auch nicht immer so genau, was da jetzt gerade los ist. Die müssen auch erst nachforschen. Manche Eltern melden einfach die eigenen Kinder bei Facebook an. Das finde ich überhaupt nicht gut.»

Welche Gefühle entstehen
im Internet?

«Beim Cybermobbing weiß man gar nicht, wer einen da beleidigt. Wenn man das gelesen hat, fühlt man sich sauer und möchte das Gleiche machen. Ich kann ja dann auch jemanden cybermobben.»

«Man kann sich ängstlich fühlen, weil es immer sein kann, dass mich jemand ausspioniert. Manche haben Kameras am Computer und erzählen dann, dass sie ein Waschpulver geschickt bekommen haben, über das sie am Tag zuvor in dem Computerzimmer gesprochen haben.»

«Wenn man im Internet gemobbt wird, zum Beispiel in einem Chat, kann man da rausgehen. Aber vielleicht will man gar nicht rausgehen, weil man sich an der Person rächen will, die einen beleidigt hat. Man weiß nicht, wer es ist, aber man muss in dem Chat bleiben, um sich rächen zu können.»

Wie spricht man im Internet miteinander?

«Im Internet redet man nicht in echt mit den Leuten. Man sieht die Leute nicht. Man weiß nicht wirklich, wie sie gerade aussehen, auch wenn man ein Foto oder ein Video sieht. Man redet meistens auch nicht miteinander, man schreibt ja. Eigentlich schreibt man mit fremden Menschen, obwohl es vielleicht ein Freund ist.»

«Wenn jemand beleidigt wird und andere denken, dass das stimmt, dann schreiben die anderen auch Quatsch über den Beleidigten ins Internet, weil sie denken, dass das Gemeine stimmt. Dabei ist der Beleidigte gar nicht blöd, sondern ganz nett.»

«Wenn andere Quatsch schreiben, denkt man: ‹Was wollen die überhaupt von mir?› Man will die blockieren, aber das geht manchmal gar nicht. Außerdem haben das vielleicht schon andere mitbekommen, und ich muss eigentlich ständig etwas löschen.»

Was lösen Hasskommentare aus?

«Wenn ich jetzt einen Video-Kanal hätte und dort würden mich alle beleidigen und mich nicht mehr mögen, dann würde ich mich gar nicht mehr trauen, rauszugehen, weil ich Angst hätte, dass die Leute auf einmal alle vor meiner Tür stehen und mich in der Wirklichkeit beleidigen. Also, es könnte doch sein, dass sie mich wirklich angreifen wollen.»

«Das ist ja wie eine Lawine und wird immer größer und stärker.»

«Viele Leute haben Angst davor, beleidigt zu werden. Dann wollen sie zum Beispiel bei YouTube aufhören, Videos zu posten. Ihre Zuschauer wollen das aber nicht, weil die den Kanal gut finden. Sie werden sauer und schreiben böse Kommentare, und dann werden die YouTuber auch wütend und hören doch auf. Das ist wie eine Schleife oder wie eine Kette. Man kommt da manchmal gar nicht mehr raus.»

«Die bösen Kommentare sehen ganz viele, und die schreiben dann auch etwas. Wenn das viele machen und alle sagen: ‹Du bist blöd›, wird man traurig, weil einen keiner mag. Jedenfalls denkt man das. Man bekommt das Gefühl, dass das so viele sind und dass die alle die gleiche Meinung haben.»

Kann man im Netz «stopp» sagen?

«Das kann man nicht, weil sich alles weiter verbreitet. Auch wenn man selbst nicht im Internet ist, geht es trotzdem immer weiter. Nur man selbst bekommt das zuerst nicht mehr so mit. Man bekommt es aber später in der richtigen Welt mit, weil die anderen es einem erzählen.»

«Auf meinem Handy hatte ich auf einmal eine Nachricht von einer Engländerin, die ‹hello› geschrieben hat, und plötzlich hatte ich ganz viele Nachrichten von ihr. Sie hat auch angerufen, da habe ich sie schnell weggedrückt. Das fand ich nicht schön. Ich habe gedacht, dass ich meinem Handy nicht mehr vertrauen kann und dass mir jetzt vielleicht noch mehr Fremde schreiben.»

«Man kann nur selbst versuchen, nicht so oft im Internet zu sein. Man nimmt zum Beispiel eine Handy-Karte, bei der es richtig teuer ist, ins Internet zu gehen.»

«Vielleicht kann man es sich angewöhnen, nicht ins Internet zu gehen. Aber irgendwann machst du das doch. Man kann sich selbst nicht wirklich stoppen, man ist ja auch neugierig.»

Was geschieht im Netz?

«Manches passiert einfach, und dann wird es kompliziert. Wenn man aus Versehen etwas in Umlauf gebracht hat und sich im richtigen Leben entschuldigen will, kann es sein, dass die anderen einem nicht glauben, weil sie das schon im Internet gesehen haben. Man kann dann nicht mehr wirklich an den Anfang oder in das richtige Leben zurückgehen.»

«Bei Fotos ist das so: Jeder, der die Fotos empfängt, kann sie auch weiterschicken. Wenn man sie selbst löscht, dann sind sie ja nur für uns gelöscht. Uns haben Ältere in der Mensa einfach so fotografiert, wir wollten das gar nicht. Wir haben das der Aufsichtsperson gesagt, dann haben sie aufgehört. Und sie sollten auch die Fotos von ihren Handys löschen. Aber wir waren schon fotografiert, und wir wissen jetzt gar nicht, was sie mit den Fotos gemacht haben.»

«Es ist oft gelogen, was die im Internet schreiben. Zum Beispiel, wenn einer sagt: ‹Der ist voll doof.› Vielleicht ist er für ihn doof. Aber es heißt ja nicht, dass er für alle doof ist. Im Internet erfahren alle, was einer schreibt. Es gilt aber nicht für alle, so wird es zur Lüge.»

Wie kommt es zu Cybermobbing?

«Wer Ärger machen will oder sich rächen möchte, der macht das am besten vor allen anderen, also im Internet. Dann ist die Rache größer, weil sich der andere stärker verletzt fühlt.»

«Man wird manchmal gemobbt, wenn man aus Versehen einen falschen Klick macht und etwas postet, was man selber gar nicht gut findet. Dann kann man nichts mehr dagegen tun, und man schämt sich und bekommt alles ab, weil die anderen darauf reagieren.»

«Manche schicken auch komische Sachen weiter. Sachen, in denen jemand bedroht wird. Das muss man schnell löschen. Denn man möchte nicht, dass die andere Person bedroht wird.»

Wie geht man mit einer Bedrohung
im Internet um?

«Vielleicht sollte man erst gar nicht in soziale Netzwerke reingehen. Aber ob man das wirklich macht …»

«In einem Film wurde einmal eine Frau bedroht, sie sollte ein Haus sprengen. Sonst würde der, der die Frau bedroht hat, sie ermorden. Das hat bei mir ausgelöst, dass ich immer, wenn ich Nachrichten oder Nummern von fremden Personen bekomme, die Nummern blockiere und ganz schnell lösche.»

«Ich würde das nicht gut finden, den Eltern nicht zu sagen, dass man gemobbt wird. Vor allem wenn man nicht weiß, wie man aus den sozialen Netzwerken wieder rauskommt. Da ist es schon besser, wenn man das den Eltern sagt, damit die einem dabei helfen können.»

«Die Lehrer sollen in der ganzen Klasse darüber sprechen. Dann muss aber der Betroffene vom Mobbing erzählen. Da muss der ganz schön mutig sein, weil der ja wirklich verletzt ist. Und er muss das vielleicht vor denjenigen sagen, die sogar mitgemacht haben.»

ZEIT UND LANGEWEILE

Wie nutzt man die Zeit?

«Wir sitzen ganz oft vor dem Fernseher. Aber man könnte in der Zeit auch etwas mit seiner Familie unternehmen. Später sind die Familienangehörigen nicht mehr da und man sagt: ‹Ich hab die Zeit mit denen nicht ganz so genutzt, wie ich sie nutzen könnte.› Und dann hat man keine Zeit mehr, das nachzuholen.»

«Man kann aber auch mit der Familie zusammen Fernsehen schauen und dabei kuscheln. Manchmal kommt das, was man schauen möchte, wenn die Familie gerade da ist. Und man lernt auch ab und zu etwas beim Fernsehen.»

«Es kommt darauf an, was du als genutzte Zeit empfindest. Wenn du dir eine Sendung anschaust, die nur andere sehen wollen, die du aber total öde findest, dann ist das vertane Zeit. Wenn das aber deine Lieblingsserie ist, kommt dir die Zeit doch ganz genutzt vor.»

«Wenn man Fernsehen schaut und gerade keinen Freund oder keine Spielsachen zum Spielen hat, dann fühlt sich Fernsehen wie genutzte Zeit an.»

Gibt es ungenutzte Zeit?

«Beim Schlafen macht man nichts Richtiges, aber diese Zeit braucht man auch. Wenn man nicht schläft, stirbt man. Deswegen nutzt man diese Zeit trotzdem. Durch den Schlaf kann man sich auch mehr Zeit verschaffen. Wenn man gut ausgeschlafen ist, kann man mehr machen und ist gut gelaunt. Wenn du früh schlafen gehst, wachst du früher auf. Wenn dann kein anderer wach ist, ist das vertane Zeit, und du kannst dich eigentlich wieder hinlegen.»

«Am Handy zu spielen ist keine genutzte Zeit.»

«Es kommt immer darauf an, wie man sich die Zeit einteilt. Wenn man fünf Stunden am Computer sitzt, ist die Zeit nicht mehr genutzt. Man hat ja nicht nur den PC, man hat ja auch noch den Tag zu nutzen. Man hat das Draußen, man hat Freunde und Spielsachen.»

Wie fühlt sich Zeit an?

«Das kann man gar nicht für alle sagen. Jeder empfindet etwas anderes. Wenn jemand das Gefühl hat, die Zeit gerade zu nutzen, dann fühlt es sich nach Spaß an. In einer ungenutzten Zeit wird man oft traurig. Man fühlt sich irgendwie komisch.»

«Wenn man sich nicht auf die Sendung konzentriert, die man gerade schaut, wird man traurig, weil einem klar wird, was man alles hätte machen können in dieser Zeit. Das passiert meistens hinterher, aber ab und zu auch mittendrin, wenn man auf einmal merkt, dass die Sendung gar nicht mehr spannend ist.»

«Wenn ich jetzt gerade mit meiner Familie gestritten habe, ist die Familienzeit keine genutzte Zeit. Dann würde ich doch lieber Computer spielen.»

«Genutzte Zeit kann manchmal auch keinen Spaß machen.»

Ist ein Streit Zeitvergeudung?

«Streit ist eigentlich immer sinnlose Zeit. Man hat ja nichts davon, wenn man streitet. Es ist verschwendete Zeit. Man könnte sie besser nutzen, indem man sich schnell wieder verträgt. Oder einen schönen Ausflug macht und nicht viel Zeit in den Streit investiert.»

«Ohne Streit klappt doch eine normale Freundschaft gar nicht. Beim Streit kommt alles raus, was der andere über einen denkt. Auch wenn man Sachen sagt, die man nur sagt, weil man sauer ist. Dann muss man sich später halt entschuldigen. Aber das, was wirklich ernst gemeint ist, kommt so wenigstens ans Licht. Man weiß, wo man bei dem anderen steht. Also ist Streit-Zeit auch genutzte Zeit.»

«Man will nicht immer alles wissen, was der andere über einen denkt. Dann streitet man sich künftig vielleicht noch mehr über diese Sachen, die man jetzt einmal gehört hat, und nutzt die gemeinsame Zeit miteinander noch weniger.»

«Wenn man über den Streit nachdenkt und überlegt, was man wirklich ändern kann, war alles insgesamt sinnvoll. Dann muss man sich halt Zeit dafür nehmen, das miteinander zu besprechen und wirklich zu ändern.»

Was macht man,
wenn man nichts macht?

«Eine Zeit, in der man nichts macht und nichts denkt, gibt es nicht. Doch: Wenn ich hinten im Auto sitze, dann denke ich gar nichts.»

«Wenn mir in der Schule langweilig ist, habe ich Tagträume. Ich kann ja im Unterricht auch nicht spielen. Das Träumen ist dann eine genutzte Zeit, weil ich mir damit die Zeit vertreibe. So muss ich mich nicht langweilen. Für mich ist das keine Verschwendung, denn ich mache das Träumen im Unterricht ja nur, weil ich nichts anderes machen kann.»

«Wenn man im Stress ist und gleich zum Training muss, soll
man nicht so viel träumen, sonst verpasst man noch seinen Bus.
Aber so eine Zwischenzeit ist trotzdem genutzte Zeit. Man
kann an das denken, was war und was man besser machen kann.
Also wenn man im Stress ist, ist es vielleicht manchmal gut,
dass man mal abschaltet.»

«Diese andere Zeit wäre vielleicht eine Nichts-tu-Zeit.
Eine Ich-Zeit.»

Wie fühlt sich Langeweile an?

«Langeweile ist, wenn man nicht genau weiß, was man tun soll. Wenn man im Auto sitzt. Oder wenn man darüber nachdenkt, was man machen könnte. Oder wenn man im Wartezimmer warten muss, zum Beispiel beim Zahnarzt.»

«Wenn jemand für mich etwas nachschaut, zum Beispiel im Internet, muss man manchmal ganz schön warten. Da hat man Langeweile, weil man nicht weiß, wie es weitergehen könnte.»

«Langeweile fühlt sich aber nicht nur schlecht an, ich würde sagen: halb, halb. Es ist nicht wirklich eine leere Zeit. Erwachsene erzählen ja manchmal lange Geschichten oder sogar doppelt. Oder man bekommt einen Witz erzählt, den man schon kennt. Das ist ganz schön langweilig. Da hat man Langeweile, aber es passiert trotzdem irgendwie etwas.»

«Wenn ich am Wochenende zu Hause bin und auf einen Freund warte und nichts zu tun habe, dann will ich die Zeit weghaben und wünsche mir, dass die Zeit erst wieder beginnt, wenn mein Freund kommt. Man möchte die Zeit dann vorspulen. Oder gar keine Zeit dazwischen haben.»

Was passiert mit der Zeit,
wenn man ein Spiel spielt?

«Beim Spielen hoffen die meisten die meiste Zeit. Sie hoffen auf einen Gewinn – das ist manchmal ganz schön unvernünftig, zum Beispiel im Casino. Das ist ja ein Trick: Man lässt die Leute am Anfang ein bisschen gewinnen, damit sie weiterspielen. Und dann lässt man sie ständig verlieren.»

«Spielen heißt, dass man spielen und gewinnen möchte. Man hofft zu gewinnen, und man möchte eine schöne Zeit beim Spielen haben. Manche denken aber viel darüber nach, und für manche ist es ein Machtkampf. Da kann man sich vorstellen, dass man süchtig wird nach dem Spielen und nach dem Hoffen auf das Gewinnen. Man fängt an und geht immer weiter und denkt ständig, dass man doch noch gewinnen wird.»

«Ich habe mal gehört, dass die richtigen Spieler nicht aufhören können, solange sie gewinnen. Die denken und hoffen immer, dass sie beim nächsten Spiel noch mehr bekommen. Ich würde sagen, dass man aufhören sollte, wenn man drei oder vier Spiele gewonnen hat. Es ist unwahrscheinlich, dass man noch einmal gewinnt. Man fängt dann an, die Zeit zu verschwenden.»

Wie ist es, auf etwas Schönes
zu warten?

«Man wartet auf den Geburtstag, auf die Ferien, auf Weihnachten. Das ist ja eine Vorfreude. Ich mag das nicht, weil das immer so dauert.»

«Wenn etwas, auf das man sich freut, noch länger hin ist, ist das eigentlich nicht so schlimm, weil man das schnell mal vergisst. Und dann fällt es einem erst kurz vorher wieder ein. Aber wenn man darauf noch einen Monat warten muss, ist das manchmal richtig schlimm.»

«Man sagt ja immer: Vorfreude ist die schönste Freude. Man freut sich, weil man eine Sache schon einmal erlebt hat und weiß, wie das werden kann. Oder man freut sich, weil man nicht weiß, wie es wird.»

«Manche Vorfreude, die man kaum aushält, die kann man austricksen. Wenn man jetzt einen Adventskalender hat und man wartet jeden Tag, dass man ein Kästchen öffnen darf, kann man sich auch fünf Kalender wünschen, sodass man jeden Tag fünf Kästchen öffnen kann.»

Wie vergeht die Zeit?

«Unsere Gefühle sagen, wie schnell die Zeit vergeht. Wenn wir uns freuen, dass man eine Stunde mit der Freundin spielen darf, dann vergeht die Zeit sehr schnell. Wenn man eine halbe Stunde auf jemanden wartet, dann kommt es einem so vor, als ob man drei Stunden dasitzt und am Handy spielt. Bei Freude vergeht die Zeit immer sehr schnell, und bei Wartezeit oder bei Trauer vergeht sie sehr langsam.»

«Im Urlaub vergeht die Zeit oft sehr schnell. Jedenfalls wenn man etwas Tolles macht. Wenn man auf eine Rutsche will und lange anstehen muss, dann vergeht die Zeit sehr langsam. Wenn man dann rutscht, geht das wieder ganz schnell. Achterbahn fahren geht auch ganz schnell, und vorher muss man immer ewig darauf warten.»

«Wenn man schläft, hat man ein falsches Zeitgefühl. Dann kommt einem alles viel länger vor.»

«Ich finde, beim Schlafen vergeht die Zeit ziemlich schnell, denn wenn ich morgens aufwache, ist immer alles schnell vergangen.»

Kann man der Zeit vertrauen?

«Die Zeit kann einen täuschen! Ich habe mich einmal geärgert, weil ich Mittagsschlaf gemacht und vier Stunden geschlafen habe. Das habe ich nicht gemerkt und bin noch liegen geblieben, bis ich gemerkt habe, dass ich schon so lange geschlafen habe. Ich hätte ja in der Zeit auch etwas anderes machen können.»

«Auf der Erde vergeht die Zeit langsamer als im Weltall oder auf anderen Planeten. Außer bei denen, die einen kleineren Umlaufkreis um die Erde haben, da geht die Zeit noch schneller vorbei als auf der Erde.»

«Die Zeit bis zum Erwachsenwerden vergeht ziemlich unterschiedlich. Manche wollen ganz schnell achtzehn werden, weil man dann mehr darf. Aber man hat auch die Verantwortung für sich, man muss selbst Geld verdienen, muss sich einen Job suchen und den richtigen Abschluss für diese Arbeit haben.»

«Für die Eltern ist das manchmal ganz schön schwer zu begreifen, wie die Zeit vergeht und wir größer werden. Ich merke das, weil ich viel mehr Platz in meinem Bett einnehme. Die Erwachsenen sehen einem dabei zu, wie man größer wird, aber sie sind dann doch plötzlich überrascht und sogar traurig, wenn das Kind erwachsen ist und auf einmal die Dinge selbst bestimmen kann.»

DAS LEBEN
IN DER
ZUKUNFT

Wann beginnt die Zukunft?

«Eigentlich beginnt die Zukunft jeden Tag. Man kann für den nächsten Tag nicht sagen, was da passiert. Die Zukunft fängt jeden Tag neu an. Das ist in der Phantasie auch so, man stellt sich immer wieder etwas Neues vor.»

«Für mich beginnt die Zukunft, wenn ich achtzehn bin. Ansonsten kann es eigentlich so bleiben, wie es ist, es muss sich gar nicht viel verändern.»

«Es gibt jetzt noch viel Natur, aber schon bald wird es in der Zukunft mehr Straßen und Gebäude geben. Ich möchte gern, dass mehr Natur bleibt. Man sollte eigentlich nicht so viele Straßen und Häuser bauen.»

«Straßen würde ich schon weiter bauen, denn dann kann man auch neue Städte bauen. Bald sind alle Städte ganz voll, da passen keine Menschen mehr hinein. Dann kann man neue Städte eröffnen und braucht die Straßen, um zu den neuen Städten zu kommen.»

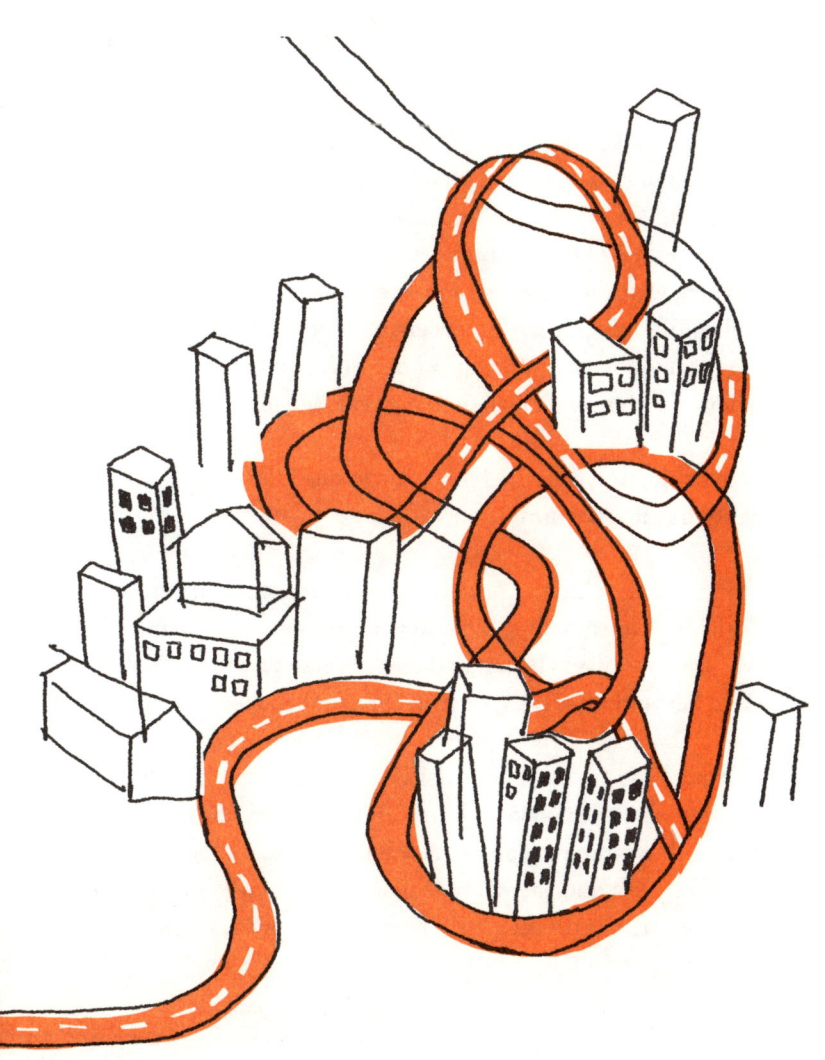

Wie stellt sich der Mensch
die Zukunft vor?

«Es hängt davon ab, wie viel Phantasie man hat. Manche Erwachsene haben ja nicht so viel Phantasie, deswegen können sie sich die Zukunft nicht vorstellen. Aber wir Kinder haben reichlich Phantasie. Wir können uns vorstellen, wie andere Leute leben werden, wenn sie geboren sind. Ich mache das manchmal. Ich stelle mir einfach vor, dass sie ein besseres Leben haben werden. Denn wir haben noch Krieg auf der Erde, und in der Zukunft haben die Menschen vielleicht ein bisschen mehr Ruhe.»

«Ich denke mir, dass die Menschen in der Zukunft mit schwebenden Autos herumfahren.»

«Manchmal stelle ich mir vor, dass die Menschen in der Zukunft reicher sind. Dass sie sich von Robotern bedienen lassen. Dass sie mehr Geld haben und mehr Freizeit als wir. Wo das Geld herkommt, weiß ich nicht. Das ist eben meine Phantasie.»

«Heutzutage kostet ja fast alles Geld – aber wozu? Der Bürgermeister könnte doch in Zukunft einfach sagen: ‹Könnt ihr eine neue Schwimmhalle bauen?› Aber alles kostet immer so viel Geld! Es wäre doch besser, wenn die Menschen weniger oder gar kein Geld dafür fordern. Eine neue Schwimmhalle soll ja allen Spaß bereiten.»

Kann man schon heute an das Leben
in der Zukunft denken?

«Man müsste so leben, dass die anderen Menschen oder alle Lebewesen später auch leben können. Wenn man sich sein Leben lang an etwas gewöhnt hat, ist es aber schwierig, sich zu ändern. Wenn man zum Beispiel lange Zeit schon Fleischesser war und auf einmal sagt: ‹Ich bin jetzt Pflanzenesser oder Vegetarier.› Man kann seinen Körper nicht dazu zwingen. Man kann nicht plötzlich ein ganz anderer Mensch sein.»

«Ich kann mir nicht vorstellen, dass ich kein Fleisch mehr esse. Aber ich denke schon darüber nach. Wenn man jetzt Vegetarier werden will, damit die Tiere besser leben können, bringt das nichts, wenn das nur ein Mensch macht. Wenn aber gar keiner mehr Fleisch isst, dann vermehren sich die Tiere so schnell, und irgendwann ist dann kein Platz mehr für alle Lebewesen.»

«Ich fände es gut, wenn in der Zukunft nur noch Roboter Krieg machen würden, die ferngesteuert werden. Ich würde das vielleicht so machen, dass die Roboter eine Ablenkung sind, also dass Roboter gegen Roboter kämpfen. Dann schauen die Menschen den Robotern zu und müssen sich nicht mehr gegenseitig töten.»

Wie kann die Zukunft aussehen?

«Man sollte so viel Raum zum Wohnen haben, dass alle Kinder Platz haben und der Besuch auch noch. Damit muss man jetzt schon rechnen.»

«Am besten wäre, wenn in der Zukunft die teuersten Sachen schneller billiger werden, denn die neuen Sachen sind immer am teuersten, aber wenn es sie schon eine Weile gibt, werden sie billiger.»

«In einem Freundschaftsbuch wird immer gefragt: Möchtest du ein Superstar sein? Da kreuze ich immer ‹Nein› an.»

Wie sollte das Geld verteilt werden?

«Ich fände es gut, wenn Essen und Trinken in der Zukunft normal viel Geld kostet. Die Milch zum Beispiel wird immer teurer. Aber die Bauern bekommen immer weniger Geld dafür. Ich fände es gut, wenn die Bauern mindestens die Hälfte vom Milchpreis bekommen oder mehr. Sie haben die Arbeit, und sie strengen sich an und bekommen kaum etwas. Und diejenigen, die die Milch von den Bauern kaufen, die bekommen viel, obwohl sie dafür gar nicht arbeiten. Sie verkaufen die Milch nur weiter und bekommen dafür ganz viel Geld. Viel mehr, als sie dafür bezahlt haben. Eigentlich müssten die Bauern sowieso das meiste Geld bekommen. Die Bauern sind total wichtig, weil von ihnen die meisten Produkte kommen.»

«Ich würde das so machen, dass alle gleich viel Geld haben. Und ich finde, dass man auch schauen muss, ob die Zeit, die man arbeitet, und das Geld, das man dafür bekommt, zusammen-passen.»

«Wenn ich Milliardär wäre, dann würde ich sehr viel für kranke Menschen spenden oder für Schulen, die nicht so viel Geld haben. Oder für Kindergärten, denen es nicht gutgeht.»

Wie wollt ihr die Zukunft gestalten?

«Ich fände es toll, wenn es in der Zukunft Häuser gibt, die sich bewegen können. Dann kann man das Haus einfach mitnehmen. Oder wenn sich ein Haus zusammenklappen könnte und in ein Auto verwandeln und man mit dem Autohaus in die Schule oder sonst wohin fährt.»

«Ich hätte es gern, wenn wir mehr unter der Erde machen würden. Wir kommen alle in der Schule unterirdisch zusammen, und dann fährt die Schule an die Erdoberfläche.»

«Bei mir soll die verrückte Idee sein, dass ich noch viel mehr Zeit habe. Ich fände es auch gut, wenn ich für Sachen, die mich schon ganz lange beschäftigen, irgendwann eine Antwort finde.»

«Meine Idee ist, dass manches Gruselige auf einmal ganz lustig ist. Oder dass man etwas wieder rückgängig machen kann, was man gar nicht so gemeint hat.»

«Ich wollte schon immer so stark sein wie eine Frau, die sich als Mann verkleidet hat, um ihrem Vater zu helfen. Wenn ich so kämpferisch bin wie sie, dann kann ich mich nach außen ausdrücken, ich kann so sein, wie ich bin.»

«Ich hätte gerne Superkräfte, sodass ich zum Beispiel Sachen magisch zu mir ranziehen kann. Dann habe ich Macht.»

«Für mich sind Superkräfte das Tollste. Superkraft ist für mich, dass ich andere Leute beschützen kann. Jetzt denkt man manchmal, dass man überhaupt nichts tun kann für andere.»

«Ich würde mir gern noch ein Computerspiel erfinden, in dem es immer weitergeht. Das kann man dann immer weiterspielen. Man hat alle Länder in dem Spiel und Menschen, die dort leben und reisen. Und man kann im Spiel etwas bauen, und damit geht es dann im Spiel und für die Menschen im Spiel weiter.»

Interview mit der Lehrerin

Wann wird für Sie aus dem Nachdenken mit Kindern ein Philosophieren?

Wenn man die eigene Befindlichkeit und Balance in der Welt und das Leben der Menschen in der Gemeinschaft befragt: «Wer bin ich? Brauche ich andere? Wenn es ein Ich gibt, gibt es auch ein Du?» Kinder beginnen, die Welt genauer zu hinterfragen und bestimmte Situationen auch vom Verstand her zu beleuchten, nicht nur aus dem Gefühl und aus dem Moment heraus. Fragen über die Welt werden zum Beispiel in einen Kontext von Gut und Böse eingeordnet, und wir geben uns nicht mit nur einer Antwort zufrieden. Die Kinder erkennen, dass das Gute nicht immer das Schöne und das Böse nicht immer das Hässliche ist und dass ich aufgefordert bin, zu überlegen: Was ist in meiner Wahrnehmung gut, was ist böse? An diesem Punkt fängt das Philosophieren an.

Wie nähern Sie sich der Idee, den «Denkraum der Kinder» zu erweitern?

Ein guter Einstieg ist das natürliche kindliche Staunen über faszinierende Dinge oder Erscheinungen unserer Welt. Daraus ergeben sich Fragen, die wir versuchen zu beantworten. Das kann auch im Spiel geschehen. Die Qualität der Fragen im Grundschulalter ist sehr verschieden. Jede Denkanstrengung ist willkommen und darf für sich stehen. Durch diese Diversität lerne ich mich und das Leben besser kennen. Warum fühle ich manchmal Ja und du fühlst Nein?

Ein sokratisches Gespräch zu führen, also durch Fragen ein Kind gezielt auf einen Fokus zu lenken und das dann wieder in Frage zu stellen und weiterzuführen, das ist schon sehr anspruchsvoll und erfordert Übung.

Würden Sie sagen, dass alle philosophieren können – ohne es explizit gelernt zu haben?
Ja, jeder kann es einfach versuchen, es gibt auch so etwas wie eine Alltagsphilosophie.
Man denkt über die Dinge nach, kommt ins Gespräch und gibt sich nicht gleich mit den ersten Antworten zufrieden, sondern versucht, ins Philosophieren zu kommen, indem man nachfragt: Könnte noch etwas anderes dahinterstecken? Würde es andere Lösungen geben? So begreift man, dass in der Vielzahl und der Vielfalt von uns allen immer viele Möglichkeiten liegen und wir selbst für deren Nutzung eine Verantwortung tragen.

Petra Tannert ist Schulleiterin der Grundschule West Am See in Neubrandenburg und Lehrerin für das Fach «Philosophieren mit Kindern» seit 2000.

FRAGEN DER KINDER
ZUM WEITERDENKEN~

Wie haben sich die Menschen
entwickelt?

~

Wer sind eigentlich die Eltern
von Gott?

~

Wie geht es den Menschen
in den anderen Ländern, die an Gott
glauben müssen?

~

Wieso muss man noch die Regeln
befolgen, die Gott erschaffen hat,
obwohl Gott jetzt gar nicht
mehr lebt?

~

Wenn alles gut wäre – gibt es dann kein Gutes
mehr, weil man es nicht mehr erkennt?

~

Was ist das Nicht-Glück?

~

Wie vergeht die Zeit,
in der ich nichts denke?

~

Kann man Mut trinken?

~

Kann eine Ameise denken?

~

Was ist eine Zahl?

~

Träumt jeder Mensch etwas anderes?

~

Wieso hat jeder Mensch Phantasie?

~

Nachwort

«Kann wohl etwas verkehrter sein,
als den Kindern, die kaum in diese Welt treten,
gleich von der anderen etwas vorzureden?»

Immanuel Kant

Was ist eigentlich die Weisheit der Kinder?

Immer wieder aufs Neue habe ich als Gast bei den Schulkindern in Neubrandenburg ihre Kunst des Philosophierens bewundert. Man kann sich davon tragen oder auch anstecken lassen. Man beginnt, selbst die Gedanken frei schweifen zu lassen. Man zweifelt an ganz neuen Stellen. Man ist noch völlig überrascht von einem ihrer Sätze, da sind sie schon einen Schritt weitergegangen. Das Denken wird luftig und sehr intensiv. Manche Kinder haben dabei nicht lockergelassen, selbst wenn ihnen das Nachdenken und Überlegen noch so schwierig erschien. «Über das Glück zu reden, ist besonders anstrengend», sagte eines der Mädchen auf einmal ganz atemlos mitten im Geschehen.

Je länger ich ihnen zuhörte und je mehr wir miteinander sprachen, desto stärker fiel mir auf, dass sich die Philosophie-Kinder ziemlich routiniert im sogenannten dialektischen Denken bewegten: Ganz oft thematisierten sie den Widerspruch zu einer Sache, einer Handlung oder einem Gefühl gleich mit. Sie beließen es aber nicht dabei. Denn ein Entweder-oder, ein Unentschieden oder eine Nivellierung der Gegensätze interessierte sie nicht. Es ging nicht darum, ob etwas gut *oder* schlecht ist. Schon eher war die Erkenntnis für sie spannend, dass etwas gut *und* schlecht sein kann, und noch mehr, in welchem Verhältnis die beiden vermeintlichen klar definierten und zu unterscheidenden Extreme zueinander stehen. Sei es, weil die Menschen das Gute und das Schlechte respektive die Dinge und Ereignisse grundsätzlich unterschiedlich erleben, weil sie eine bestimmte Angelegenheit oder eine besondere Lage anders betrachten und wahrnehmen, weil sich die Dinge und Situationen sowieso verändern können oder weil es eben verschiedene Perspektiven auf eine Sache oder ein Ereignis gibt.

All diese Facetten erarbeiteten sich die Kinder im Gespräch mit ihrer Lehrerin und im Austausch miteinander. Dabei erschien es plötzlich als ganz selbstverständlich, eine solche Vielfalt immer gleich mitzudenken und die Verschiedenheit der Menschen auch auszuhalten. Die Sicht und das Empfinden der anderen zu respektieren, die Diversität anzuerkennen und zu würdigen. Es stand zum Beispiel von vornherein für alle fest, dass Schule «schlecht» ist. Unterricht hingegen war «eigentlich gut, weil man da ja etwas lernt». Wenige Gedanken später hatten einige in einer Partnerarbeit ihre Meinung offenbar differenziert, und ein Junge sagte: «Ich finde es gut, wenn jemand Schule gut findet, weil man wirklich davon lernt.» Ein anderer, sonst eher zurückhaltender Junge gab beim Thema Glaube und Glauben unvermittelt ein umfassendes Statement ab: «Ich finde, dass die Menschen weiterhin an Götter glauben sollen. Auch wenn die Ungläubigen sagen, dass es keine Götter gibt, sollen die Gläubigen sich nicht davon überzeugen lassen. Ich stimme eher den Ungläubigen zu, aber die Gläubigen sollen sich nicht abbringen lassen.»

Auf die Frage ihrer Lehrerin, ob es wohl etwas gebe, was alle Menschen gut finden, haben die Kinder die Themen Familie,

Frieden, Geburt und Geld und Wohlstand für das Prüfen und Abwägen von Gut und Schlecht zusammengetragen. Der Krieg beschäftigt sie. Und sie versuchen auch, die Mechanismen dahinter zu verstehen – Motive, Interessen, die Beteiligung der Menschen am Krieg, die Auswirkungen auf sie und ihr Leben. Auf diesem Pfad beleuchtete ein Kind auch gleich die Produktion, die Rolle und den Einsatz von Waffen.

Ein Resümee der Mädchen und Jungen war: «Keine Sorgen und Probleme wollen die Menschen gar nicht haben.» Ich habe selbst noch ein paarmal nachgelesen, wie sie zu dieser einstweiligen Schlussfolgerung gelangt sind.

Eine Philosophin hat mir einmal erzählt, dass sie immer wieder von Kindern die Frage höre: «Wenn ich in Afrika geboren wäre, wäre ich dann noch ich?» – Wer bin ich? Was bedeutet es für mich, auf der Welt zu sein? Und wie ergeht es mir damit? Was passiert in meinem Leben? – Geboren und auf der Welt zu sein, empfand die ganze Klasse als positiv, sie haben das Thema Geburt als «etwas Gutes» vorgeschlagen. Doch dann benannten die Kinder im Unterricht sofort auch die Untiefen und Grenzfälle des Daseins, und sie berührten ebenso schnell komplizierte ethische Themen wie den engen Zusammenhang von Leben und Sterben und die Frage nach dem lebenswerten Leben. «Nicht alle finden es gut, dass sie geboren sind.»

«Das darf man nicht sagen, das darf man nicht denken, das kann ich noch nicht wissen: In diesen Tabus denken Kinder nicht. Erwachsene stehen dann oft perplex vor solchen Äußerungen», erklärte mir die Hamburger Philosophie-Professorin Barbara Brüning auf meine Frage, was denn die sogenannte «Weisheit der Kinder» ausmache und wie sie sich offenbare. Kinder sind noch nicht in Konventionen und «gesellschaftlichen Verabredungen» gefestigt und könnten daher viel radikaler in ihrem Denken sein. Sie haben keine Scheu oder Hemmung, da sie die Kategorie, sich mit ihren Äußerungen lächerlich zu machen, nicht kennen. Kinder denken mit Enthusiasmus, ungestüm und wild, und zwar ganz unabhängig davon, ob Erwachsene ihnen dies zugestehen. Sobald sie merken, dass sie ihre Gedanken auch genauso radikal äußern dürfen, tun sie dies, ist Barbara Brünings Erfahrung.

«Wenn alles gut wäre, gibt es dann kein Gutes mehr, weil man es nicht mehr erkennt?» – zu dieser Frage gelangte ein Mädchen am Ende einer normalen Unterrichtsstunde.

Nun haben sicher so manche schon einmal darüber nachgedacht, dass man das Glück vor allem in seiner Abwesenheit wahrnimmt, aber eben nicht, wenn alles gerade gut ist. Für Erwachsene hat es eine gewisse Faszination, dass ein so junger Mensch so etwas ganz Eigenes denkt. Und dass Kinder Dinge, die wir zu wissen meinen, anders interpretieren, als wir das bisher gewohnt sind, und wir dann wiederum bestaunen, dass sie so komplex denken können.

«Staunen ist der erste Grund der Philosophie.»

Aristoteles

«Ist das immer so?» – «Ist das bei allen so?» – «Oder könnte auch alles ganz anders sein?» Erst mit solchen Fragen wird aus dem Staunen und Nachdenken über die Welt ein Philosophieren. Bei den Mädchen und Jungen der Grundschulklasse in Neubrandenburg gab es eine stille Übereinkunft, dass die Gedanken, die in diesem Raum und in dieser Stunde geäußert wurden, selbst in ihrer Tiefe vorläufig waren. Es gab immer wieder neue Ansätze und Ideen, mal wurde eine eigene Aussage verworfen oder aber weiterentwickelt, mal wurde zugestimmt, mal widersprochen oder an die Überlegungen von anderen angeknüpft, um noch weiter zu forschen und zu bohren.

Die Kinder geben beim Philosophieren sehr viel von sich preis, und ich habe manches Mal gedacht, dass sie nun auch nicht dazu herhalten sollen, den Erwachsenen die Welt zu erklären – weil sie eben nicht aufhören, weiter nachzudenken. Sie wollen die Dinge auch in den Bereichen durchleuchten, in denen wir vielleicht schon ratlos geworden sind oder meinen, bereits alles verstanden zu haben. Damit erweitern sie unseren Horizont. Eltern und Pädagoginnen und Pädagogen haben aber auch einen Erziehungsauftrag, und die Kinder erwarten von ihnen Hilfe und Schutz. Das wurde vor allem beim Thema Cybermobbing deutlich. Die Mädchen und Jungen konnten das Perfide an anonymen Attacken ziemlich genau beschreiben, das Ausgeliefertsein im «open space» und die Unmöglichkeit, stopp zu sagen. Auch haben drei von ihnen aus dem Stand Beispiele für das erpresserische Anstiften im Netz erzählt – obwohl sie auch sagten, dass sie noch nicht wirklich alleine im Internet unterwegs sein dürfen. Die Anstiftungsszenarien hatten sie in Filmen gesehen und aus Märchen abgeleitet und offensichtlich bereits die Dynamiken darin erkannt.

Das Zusammenleben in Familie und Schule gibt Halt und erzeugt Nähe, und manchmal wollen sich die Kinder einfach nur zurückziehen und alleine mit sich sein. Auch dies kam oft zum Ausdruck. Als es im Unterricht um den zu Unrecht beschuldigten Pelle von Astrid Lindgren ging, ersannen die Kinder ziemlich detaillierte Möglichkeiten, sich einer solchen ausweglosen Streitsituation zu entziehen: am besten die Kinderzimmertür schließen und zuhalten oder sogar aus dem Fenster entkommen. Der Wunsch nach Rückzug – vielleicht zum Selbstschutz, vielleicht, um sich zu beruhigen und sich wieder zu sammeln und auch den Eltern Gelegenheit zu geben, sich zu besinnen – war an dieser Stelle besonders stark.

Philosophieren heißt, gemeinsam Fragen aufzugreifen und weiterzufragen und die philosophische Dimension darin zu erkennen. Allein Fragen zu *stellen*, sei noch kein Philosophieren, betonen die Pädagoginnen und Pädagogen und zielen auf eine Art selbstwirksames Denken ab. Sie nutzen dabei die Methode des sogenannten sokratischen Gesprächs: Der griechische Philosoph verwickelte die Menschen auf dem Marktplatz in Athen in einen Dialog, um mit ihnen alltägliche, vor allem moralische Fragen zu erörtern. Meist geben die Lehrkräfte den Kindern dann ihre Gedanken zurück und eröffnen damit quasi den Denk-Dialog: «Eine interessante Frage – was meinst du denn dazu? Wie denkst du darüber?»

Der pensionierte Oberstudienrat Dr. Dieter Sinhart-Pallin bildet in Kiel Erzieherinnen und Erzieher im Philosophieren aus und trifft einmal die Woche Kindergartenkinder. «Nachdenken mit Dieter» nennen die Kinder selbst diesen Termin. Sinhart-Pallin sagt, es gehe immer darum, ein Stück Verunsicherung zu erzeugen, um die Kinder auf einen Pfad zielgerichteten philosophierenden Nachdenkens zu bringen. Er wünscht sich auch eine «sokratische Gelassenheit»: Eine geduldige Atmosphäre ist nötig, Denkpausen müssen möglich und auch für langsames Sprechen muss Zeit sein, denn aus den Wörtern werden oft erst die Gedanken. Manchmal fehlen die Worte. Oder es wird still gezweifelt. «Man muss es aushalten können, dass die Fragen nicht gleich beantwortet werden, sondern dass die Kinder noch über diese oder jene Frage nachdenken. Dieses Anregen zum Selbstdenken ist dermaßen anregend, dass es immer wieder aufbricht.»

Für dieses Buch war es mir wichtig, den 17 Mädchen und Jungen in Neubrandenburg mit Offenheit und Wertschätzung zu begegnen – wir hatten in den Stunden jedes Mal Spaß am gemeinsamen Denken. Wir haben verrückte Ideen entwickelt und Ernsthaftes geteilt, wir haben manches Mal zusammen gelacht und auch manchmal kurz geschwiegen.

«Fragen suchen macht Arbeit», wie ein Junge einmal trocken anmerkte. Ich kann nur ergänzen: Es ist zwingend notwendig, in einer komplizierter werdenden Wirklichkeit, in der es niemals nur eine Antwort gibt, gemeinsam mit den Kindern laufend neue Fragen zu suchen, und zwar in alle Richtungen.

Silvia Plahl

Anregungen zum Philosophieren mit Kindern

Bilderbücher und Kinderbücher

Bauer, Jutta: Selma. Lappan Verlag, 2008.
Damm, Antje: Echt wahr? Moritz Verlag, 2014,
sowie weitere Veröffentlichungen.
Erlbruch, Wolf: Ente, Tod und Tulpe. Verlag Antje Kunst-
mann, 2010, sowie weitere Veröffentlichungen.
Lobel, Arnold: Das große Buch von Frosch und Kröte.
Dt. Taschenbuch Verlag, 2008.
Pauli, Lorenz / Schärer, Kathrin: Rigo und Rosa.
28 Geschichten aus dem Zoo und dem Leben. Atlantis
Verlag, 2016.

Fachliteratur und Links

Brüning, Barbara: Philosophieren mit Kindern.
Eine Einführung in Theorie und Praxis. Lit Verlag, 2014,
sowie weitere Veröffentlichungen.
Calvert, Kristina: 48 Bildkarten zum Philosophieren mit
Kindern. Zur Förderung individueller Begabungen.
Beltz Verlag, 2015.
Sinhart-Pallin, Dieter / Ralla, Mechthild: Handbuch zum
Philosophieren mit Kindern – Kindergarten, Grundschule,
freie Träger. Schneider Verlag, 2014.
Der kleine Philosoph Knietzsche / ARD-Themenwoche
http://programm.ard.de/TV/Themenwoche-2016/
Programmkalender/?sendung=28106189280865 5,
abgerufen am 6. November 2016.

Philosophieren mit Kindern –
Projekte in Deutschland, der Schweiz und USA

Akademie Kinder Philosophieren, München
  http://www.kinder-philosophieren.de/
Die kleinen Denker e. V., Berlin
  http://www.diekleinendenker.de/blog/
Gedankenflieger Hamburg
  http://www.julit-hamburg.de/was/gedankenflieger
  www.philosophieren-mit-kindern-hamburg.de
Bildungsserver Bildung und Begabung e. V. Hamburg
  https://www.bildung-und-begabung.de/begabungslotse/
  datenbank/bildungseinrichtungen/philosophieren-mit-
  kindern-hamburg-e.v.
APKJ Arbeitskreis Philosophieren mit Kindern und Jugend-
  lichen / gegr. von Prof. Dr. Ekkehard Martens, Hamburg
  https://ew.uni-hamburg.de/einrichtungen/ew4/didaktik-
  der-alten-sprachen/arbeitskreis-philosophieren-mit-
  kindern.html
Eva Zoller Morf / Leiterin der Schweizerischen Dokumen-
  tationsstelle für Kinder- und Alltagsphilosophie s'Käuzli
  in Altikon
  www.kinderphilosophie.ch
Prof. Thomas E. Wartenberg, Massachusetts
  http://www.teachingchildrenphilosophy.org/,
  Prof. Wartenberg gründete auch philosophy @ the virtual
  art museum, ein virtuelles Philosophie-Projekt im Kunst-
  museum
  https://commons.mtholyoke.edu/philosophyatthemuseum/
IAPC Institute for the Advancement of Philosophy for
  Children / gegr. von Prof. Matthew Lipman, New Jersey
  http://www.montclair.edu/cehs/academics/centers-and-
  institutes/iapc/

Anmerkungen

1 Philosophie – eine Schule der Freiheit. Philosophieren mit Kindern
   weltweit und in Deutschland. Deutsche UNESCO-Kommission, 2008.
   Basierend auf der Veröffentlichung der UNESCO-Studie in 2007,
   enthält u. a. Methoden und Unterrichtspraktiken zum Philosophieren
   mit Kindern sowie Kontaktadressen zu Expertinnen und Experten in den
   einzelnen Bundesländern sowie Österreich und der Schweiz.
2 Bildungsplan Mecklenburg-Vorpommern. «Die Wertevermittlung findet
   in der Grundschule fächerübergreifend statt. Die nordrhein-westfälische
   Landesregierung plant in dieser Legislaturperiode nicht, ein Ersatzfach
   an der Grundschule einzuführen», hieß es auf Anfrage aus dem Schul-
   ministerium in Düsseldorf am 10. November 2016.
3 Die beiden Äste des Baumes / Nach einer indischen Erzählung in:
   Michel Piquemal / Philippe Lagautrière: Philo Fabelhaft. 63 Fabeln aus
   aller Welt und ihre philosophische Bedeutung. Moses Verlag, 2004 (nicht
   mehr lieferbar). S. 120/121
4 Lindgren, Astrid: Pelle zieht aus. Oetinger Verlag, 2013, ebendies in
   Brüning, Barbara: Aufeinander zugehen. Philosophieren 3./4. Klasse.
   Landesausgabe Mecklenburg-Vorpommern. Militzke Verlag, 2005. S. 22

Dank

Dieses Buch verdanken Sie und ich 17 engagierten, wissbegierigen und offenherzigen Mädchen und Jungen, die immer durchgehalten haben, keinem Thema ausgewichen sind und mitten im aufregenden Schulalltag zu jeder Denkreise bereit waren.

Sowie der geduldigen und aufgeschlossenen Philosophielehrerin Petra Tannert, die mich mit in den Unterricht einsteigen ließ, das Philosophieren mit Kindern in jeder Stunde neu mit Leben füllte und mir viel Raum für meine Fragen gab.

Außerdem den Eltern der Kinder, die damit einverstanden waren, die Welt ihrer Töchter und Söhne mit dem gebotenen Schutz auf eine sehr persönliche Weise öffentlich zu machen.

Und nicht zuletzt natürlich der Lektorin Johanna Langmaack, die mit Esprit, klar und hartnäckig an dieser ungewöhnlichen Idee festgehalten und sie überaus professionell begleitet hat.

Eine ganze Reihe von Personen, die das Philosophieren und die Philosophie in Wissenschaft und Praxis lehren, haben sich auch auf meine Fragen mit Kreativität und Expertise eingelassen – ein Dank für diese engagierte und produktive Zusammenarbeit, vor allem an Dr. Barbara Brüning.

Die Illustrationen von Janna Dollt geben den Gedanken und Gefühlen der Kinder nun noch zusätzlich Präzision, Tiefe, Fröhlichkeit und phantasievolle Eleganz, eine aufrechte und zugleich wundersame Bereicherung.

Ich danke meiner Familie, meinen Freund*innen und allen anderen, die mich denken lassen und mit mir denken.

Silvia Plahl